FRANCIS HUSTER,
MOLIÈRE ET LES AUTRES...

Du même auteur

LE ROI ELVIS (Éditions MENGÈS)

JEAN-YVES ROGALE

FRANCIS HUSTER, MOLIÈRE ET LES AUTRES...

Éditions Mengès

ISBN 2-85-620-1458

A Francis Huster.

« On n'a pas le droit de pénaliser la passion et surtout de la confondre avec la prétention. »

Claude Lelouch

8 décembre 1981

Ile St Louis
à la sortie de la Classe Libre

Oui Jean-Yves, oui pour ton livre. "Oui" parce que j'ai confiance en toi (je ne le lirai pas! tu peux dire tout le mal que tu penses de moi, mais surtout sois sincère et libre, pas de trucs pour faire plaisir ou pour enjoliver. "que" la vérité – en tout cas celle que tu portes en toi, même si elle est fausse pour d'autres – que ce soit ta vérité, ton regard à toi qui soit vivant. Maman qui a des tiroirs remplis de lettres, de livres, de souvenirs de moi te laissera t'y plonger. Je n'ai rien à cacher.)
Oui pour ton livre si c'est pour parler de moi non pas en tant que "Huster" mais comme exemple de ce qui peut arriver à un jeune comédien qui passe 10 ans de jeunesse (donc de "sa" jeunesse) à la Comédie-Française.
Je ne suis qu'un pion de Dieu posé là.
Et je souhaite de tout mon coeur que ce livre ne soit pas le style "règlement de comptes" ou grand discours bla-bla sur ce que devrait être la Comédie-Française! Je te connais depuis des années et sois aussi drôle et percutant que quand tu venais m'engueuler dans ma loge ou me sauter au cou. Que ton livre donne à de futurs comédiens l'envie et la volonté de suivre la

même route. Car bien sûr il y a les moments de frustration d'humiliation et de peur. Il y a des erreurs et des trahisons. Mais n'est-ce pas la vie ? Et même si le travail acharné (et castrateur pour certains comédiens qui furent bafoués, cassés et brisés par les jalousies de la "Maison") use et détruit le coeur et la générosité mon exemple reste celui d'une destinée incroyablement heureuse et la preuve que l'amour existe aussi et plus fort que tout : ceux qui me détestaient eux aussi faisaient en fait preuve d'amour (pas pour moi mais pour leur passion le "théâtre" qu'ils pensaient défendre en m'attaquant).
Oui j'ai vécu une histoire d'amour de 10 ans qui ne s'est pas terminée dans la rancune mais par une séparation qui ne sera pas définitive ! (si Dieu pousse le pion jusqu'à la case "Comédie-Française de l'an 2000")

Je t'embrasse

Francis

AVANT-PROPOS

Ce livre, je l'ai écrit d'un seul jet. Et, pour seul plan, je n'ai suivi que la chronologie de mes souvenirs.

Sur scène, Francis Huster m'a donné mes plus beaux moments d'émotion. Dans la vie, mes plus beaux instants d'amitié. Alors, je n'ai eu qu'à dérouler le fil...

Donc, ne cherchez pas là un exercice de style. Francis en a pour deux. Et il a construit sa vie comme un roman. Comme une pièce de théâtre plutôt, dont voici le premier acte.

Alors, si dans ces lignes, vous trouvez quelques répétitions, dites vous bien qu'elles riment avec théâtre. Et pour les lieux communs, ne sont-ils pas le dialogue même de l'existence ?

Huster, il déroute, il étonne, il peut aussi exaspérer... les autres ! Laissez vous également dérouter par ce livre écrit à son image, pour rencontrer le premier des comédiens. En tout cas : « le premier Huster ».

Jean-Yves ROGALE.

LE DIVORCE

Paris le 15 janvier 1981.

Où court-il, en ce jour anniversaire de Molière, tout autour de la Comédie Française, ce promeneur solitaire, ce funambule blafard et déchiré ? On le reconnaît à peine et pourtant, c'est lui, Francis Huster. On dirait qu'il s'en va, tel Lorenzaccio, vers la mort, en zigzag...

Lui qui a été le seul, depuis Gérard Philipe, à incarner idéalement le héros romantique selon Musset, n'a pourtant rien d'une star, ce jour-là. Emmitouflé dans sa canadienne à col de fourrure, les cheveux sur les yeux cerclés de petites lunettes. Il a l'air d'un homme qui souffre. Tout simplement. Et l'homme qui souffre a étouffé l'acteur.

Demain, Jacques Toja, l'administrateur de la Comédie-Française, recevra la lettre de démission qu'il vient de poster, là, à trois pas, rue Molière. Rien à voir avec un coup de tête. Cette lettre, il ne l'a pas postée par hasard. Il l'a mûrement réfléchie. Pour prouver son attachement à la « Maison ».

Dans son bureau dictatorial, Jacques Toja, comme à l'accoutumée, gardera son calme en lisant la lettre. Il s'y attend de toute façon. C'est lui qui annoncera la « mauvaise nouvelle » à la presse et au public.

Dans les trois prochains jours, à la une de tous les journaux, le départ du sociétaire-vedette, du plus prestigieux acteur de la Maison de Molière, provoquera une avalanche de titres et déclenchera de multiples commentaires sur le « malaise qui règne au Français ». Cela aussi Jacques Toja s'y attend...

L'été passé, on a déjà appris la démission de Bernadette Le Saché, une petite personne qui avait réalisé une véritable performance : celle de reprendre — avec succès — le rôle d'Agnès derrière Isabelle Adjani. Puis celle de Pierre-Olivier Scotto qu'on venait à peine de découvrir. Puis, il y a quelques semaines, celle d'Yves Pignot, excellent Figaro, remarquable valet. Parallèlement, en fin d'année, on a annoncé le non-renouvellement des contrats de Jean-Noël Dalric, de Philippe Etesse et de Georges Audoubert — mais pour ces deux derniers, délégués syndicaux, la question est restée en suspens. Philippe Rondest, le neveu de Jacques Charon, serait aussi sur le point de partir... Mais Huster, cela va faire couler beaucoup d'encre. Il faut s'y attendre.

En fait, ce sera « comme d'habitude » depuis trois cents ans... Depuis le jour où le comédien Du Croisy n'avait pas supporté qu'à quarante-sept ans, on le dépossède des rôles que Molière lui avait écrits sur mesure... Jusqu'aux années folles qui enregistrèrent la fracassante démission de Pierre Fresnay... « Comme toujours », la Comédie-Française serait, une fois encore, remise en question.

Toja sait ce qui l'attend. Il est prêt à affronter la presse. Ne lui est-il pas arrivé, à lui aussi, de donner sa démission en tant qu'acteur ? Tout comme ses illustres prédécesseurs, Pierre Dux, qui quitta la Maison après avoir proposé des réformes dans le chaos de l'après-guerre, et Maurice Escande, qui partit en 1925 pour revenir en 1934...

Oui, c'était « comme d'habitude », voilà ce que déclarerait Jacques Toja, et, « comme toujours », on évoquerait la fameuse querelle des Anciens et des Modernes.

Quant à Francis, il confie à Jacqueline Cartier de France-Soir : « Je pars vers d'autres expériences. La Comédie-Française dont je rêve — celle de l'an 2000 — n'existe pas, avec un complexe comme en souhaitait Pierre Dux, permettant une troupe élargie, le pluralisme des auteurs et de nouveaux statuts. Ce n'est pas la faute de Toja, mais la Maison s'est fermée sur elle-même. Ma vie est de création et j'ai plus besoin de faire œuvre d'artiste que de comédien-interprète. »

Jacqueline Cartier lui demande alors s'il a pris cette décision parce que Toja a refusé de lui laisser à la fois jouer et mettre en scène « Le Prince de Hambourg ». Cela prouve qu'elle est bien renseignée, mais qu'elle ignore tout des motivations profondes de Francis.

Comme les autres journalistes d'ailleurs, qui affirment : « La programmation de l'an prochain au Français ne convient pas à Francis Huster, puisqu'il n'y tient pas le premier rôle dans chaque spectacle. » Faux !... « Qu'il déplore d'être cantonné dans l'ombre de Gérard Philipe. » Faux !

Léon Zitrone, dont il est l'invité au journal d'Antenne 2, rappelle les nombreuses démissions qui vident la Comédie-Française... L'hémorragie continuant de plus belle avec Huster, il tente de le faire parler de choses et d'autres. Autrement dit, de lui faire évoquer les énigmes et clans. Mais le comédien se borne à déclarer : « Molière n'est pas exclusivement à la Comédie-Française. Molière était créateur, et le créateur est partout. Chaque soir, dans chaque théâtre, lorsque le rideau s'ouvre, Molière est là. » Et il conclut avec émotion : « J'emporte Molière avec moi. »

Le Monde des 18 et 19 janvier 1981 mentionne qu'Huster « serait, semble-t-il, déçu des jugements portés par le Comité sur ses prestations ». Là, on brûle, mais on n'y est pas.

Le Comité d'Administration est composé du Doyen, de six Sociétaires titulaires et deux Sociétaires suppléants. Il se réunit tous les ans à la même date, dans le courant de la première semaine de décembre, pour examiner la situation de chaque comédien en fonction du travail qu'il a accompli au cours de l'année.

Pour les pensionnaires — dont l'engagement renouvelable

n'est que d'une année — les décisions du Comité sont sans appel : maintien, augmentation ou renvoi.

Il en est de même pour les Sociétaires, dont quatre sont nommés par l'administrateur et quatre élus par l'Assemblée des Sociétaires. Ils examinent le travail fourni par leurs camarades. Tous les rôles joués par chacun sont passés en revue et leur interprétation discutée. Les membres du Comité, s'ils jugent les autres, se jugent à leur tour, entre eux, lors de la séance. Chacun sort au moment de l'examen de sa situation et apprend à son retour s'il a été maintenu ou mis à la retraite. Plus tard, il aura le loisir de se procurer le compte rendu détaillé de tout ce qui a été dit.

Francis est absent en ce début décembre 1980. Il savoure, avec son ami Jacques Weber, leur succès dans « Les amours de Jacques le Fataliste » au Théâtre du 8e à Lyon. Ensuite, il y a le tournage du film de Lelouch « Les uns et les autres »... Et puis, s'il n'est pas pressé de prendre connaissance du rapport le concernant, il pense que, comme tous les ans, on l'affublera des mêmes reproches : « Huster fait souvent n'importe quoi sur scène »... « Celui pour qui les minettes font la queue en attendant l'idole et l'autographe, a une fesse technicolorisée appartenant au star-system — avec laquelle il excelle — et l'autre au Français où il dérange »... « Ses caprices ! Ah, ses caprices ! Francis aurait mieux sa place dans le théâtre privé où il pourrait se livrer librement à tous ses caprices de star »... « Huster, c'est Bonaparte ! Il a la gloire au Français, il voudrait l'Empire. » (D'autant que la célèbre astrologue Régine Ruet l'a prédit dans la presse lors d'un dossier sur le Tricentenaire de la Comédie-Française. Elle a écrit : « Francis Huster, merveilleux Perdican, semble tout désigné pour assurer la fonction suprême. ») Cela passe pour de la provocation, alors qu'Huster n'y est pour rien. Ces bruits-là viennent en direct des coulisses du Français.

Oui, Francis est accoutumé aux critiques du Comité. Il ne s'en offusque pas. Il sait que c'est l'intérêt même de la Maison. Son intérêt. Les gens du Comité restent tout de même ses amis, ceux avec qui il a remporté des victoires héroïques sur scène. Il accepte qu'on le juge. C'est pour son bien, dans le but de l'influencer à modérer sa fougue, ses excès de jeune loup un peu trop grisé par le succès...

Oui, le rapport Huster, de ce Comité de décembre 1980, c'est de la rengaine. Toujours la même rengaine... Avec, tout de même, une phrase en plus. Une toute petite phrase en forme de point d'interrogation : « HUSTER EST-IL FAIT POUR LA VIE DE TROUPE ? » Et c'est ce « plus » qui a tout brisé en lui. C'est ce « plus » qui l'a brutalement rejeté.

Jacques Toja ne remarque pas sa pâleur. Francis est entré dans son bureau, tout naturellement... et voilà qu'il demeure là, stupide, hébété.

Jamais il n'a imaginé, un quart de seconde, que ceux et celles qu'il considère comme sa famille, avec qui il a échangé des milliers de baisers, de lettres d'estime, d'amour, pourraient le désavouer... au bout de dix ans !

Sa famille l'a trahi en son absence... Une douleur excessive abrutit ses facultés. Il parle à Jacques Toja. Longuement... Mais, lorsqu'il sort du bureau de l'administrateur, il a déjà oublié ce qu'il vient de lui dire.

Dans la rue, une fois sa lettre de démission postée, il comprend qu'il est blessé à mort.

Ses yeux passent du bleu marine au gris-vert. Cela se produit chaque fois que le temps change... chaque fois qu'il se sent désorienté. Ils s'accrochent aux façades des immeubles comme pour y chercher un refuge... Un refuge qui sauverait Huster de son propre naufrage.

Sa mère habite tout à côté, mais il ne veut pas qu'elle le voie dans cet état. Sa pudeur. Encore et toujours sa pudeur.

Son regard remonte le long de la rue de Montpensier. Tout au bout il aperçoit mes fenêtres. A cet instant précis, je suis son ami le plus proche. Au propre comme au figuré.

Il monte les cinq étages. A pied, comme toujours.

Lorsqu'il entre, je devine chez lui une douleur pure et fraîche. Il s'assoit au bar du living et me demande :

— Est-ce que tu as un Coca-Cola pour moi ?

Je lui propose un Pepsi-Cola. Il se contente donc d'un verre d'eau. Il est comme ça Francis !

Je sens qu'il voudrait que je lui pose une question. Une question qui exorciserait son mal. Elle ne vient pas, mais ses yeux rencontrent les miens. Alors, alors seulement, il devient émouvant comme un enfant. Le sang a envahi ses joues pâlies par le froid et le chagrin. Toute sa pudeur se révolte à la pensée de ce qu'il va me dévoiler. Il a peur de m'avouer que ses amis l'ont trahi.

Pourtant, il me le dit. Et il ajoute presque naïvement : « Tu me jures que tu ne le répéteras pas ? Que tu ne l'écriras pas ? » Je ne réponds pas. C'est inutile. Il sait bien que je suis son ami et que le journaliste passe après.

Cette fois, il ne veut plus que je lui pose des questions. Alors, il détourne les yeux. Son regard se porte vers la fenêtre. La Comédie-Française est là. Juste derrière la vitre. La Comédie-Française, « sa Maison »... Je vois sa nuque se raidir. Légèrement. Très légèrement... Et je devine son regard désespéré et ardent à la fois. Il me dit d'une voix un peu nasillarde, avec une sorte de fatalisme passionné :

— Tu vois, un jour, si quelqu'un l'écrit, ce sera toi.

A l'extérieur, la froideur de l'hiver, réchauffée par son souffle, prend des allures d'incendie.

Il se retourne vers moi. Riant de ses larmes.

C'est à ce moment-là que je comprends à quel point Francis Huster est doué. Trop doué. Beaucoup trop doué pour la Comédie-Française, une vieille dame qui préfère les vocations austères aux talents brillants et forcenés.

Jusqu'à aujourd'hui, parce qu'il s'est totalement donné à ses personnages : Lorenzaccio, le Cid, Britannicus, Cinna, Hamlet, Perdican... il a vécu par procuration, en oubliant Huster. Huster qui peut, lui aussi, souffrir comme un héros romantique.

Il est et restera « l'enfant terrible de la Comédie-Française ». Des démissions, il en a donné au moins trois, avant ce 15 janvier 81 ! Trois démissions irréfléchies sous Pierre Dux qui voyait en lui un enfant terriblement gâté par la vie et le talent. Des impulsions obéissant irrésistiblement à une passion ou à un caprice... Ces démissions-là, il les a reprises sous le regard indulgent et affectueux de Pierre Dux. Mais celle-ci, la dernière, je sais qu'elle est la résultante de sa volonté. De sa volonté d'homme.

C'est une preuve de maturité et pas d'un caprice, comme on ne manquera pas de le dire au Français.

Dix ans de passion qui se terminent par une trahison, c'est un règlement de comptes conjugal. C'est un véritable divorce. Un divorce qui laisse des bleus au cœur...

Ce jour anniversaire de Molière
15 Janvier 1981

Monsieur l'Administrateur,

Veuillez recevoir par la présente ma démission.
Je ne renouvellerai pas mon contrat au sein de cette "société des Comédiens-Français" et après dix ans de bonheur et d'honneurs au service de la Comédie-Française je m'en vais bouleversé mais avec fierté.
Recevez en votre personne toute la gratitude que je dois à tous mes amis comédiens français aux membres du personnel et au public de la Maison de Molière qui m'ont enseigné pendant ces dix années de jeunesse le plus beau métier du monde :
comédien

Francis Huster

COMÉDIE FRANÇAISE 1680

L'ADMINISTRATEUR GÉNÉRAL

Paris, le 28 Janvier 1981

Monsieur Francis HUSTER
22, avenue de l'Opéra
75001 - PARIS

Mon cher Sociétaire,

J'ai bien reçu votre lettre du 15 janvier 1981 par laquelle vous m'avez fait part de votre désir de reprendre votre liberté.

J'en prends acte.

Je signale toutefois à votre attention que, conformément à l'article 9 du décret du 27 février 1946 modifié par le décret du 7 novembre 1975, votre décision pour être effective, devra être renouvelée dans le délai de 6 mois.

Veuillez agréer, Mon cher Sociétaire, l'expression de mes meilleurs sentiments.

Jacques Toja

Jacques TOJA

« SIMUL ET SINGULIS »

C'est sous le signe de la douleur et de la maladie que Francis Huster débute à la Comédie-Française, le 1er septembre 1971, alors que le virus de l'hépatite virale s'acharne sur les acteurs de « La Maison ».

Hirsch et Toja ont déjà été contaminés.

Bientôt, ce sera le tour du jeune pensionnaire d'être frappé par le mal.

Le 21 octobre, à 18 h 30, la représentation au Théâtre National de l'Odéon[1] de « Amorphe d'Ottenburg », la pièce de Jean-Claude Grumberg, doit être annulée.

Et c'est encore sous le signe de la douleur qu'Huster quittera le Français.

1. En 1970, le ministre Jacques Duhamel a rendu à la Comédie-Française le Théâtre de l'Odéon avec ses deux salles — la petite et la grande —, qui permettra la création de pièces de jeunes auteurs. La Salle Richelieu conservera sa primauté au répertoire classique.

Le vendredi 14 novembre 1980, sur la scène de la Salle Richelieu, pendant la Générale des « Caprices de Marianne », il se fracture le pied... Une fois de plus. Car c'est aussi une cheville cassée qui l'a jeté dans la carrière de comédien. Mais n'anticipons pas...

Enflammé comme Octave des « Caprices », il doit s'élancer au milieu de la scène à la recherche de Cœlio (interprété par Richard Fontana). Il bute contre une marche. Il se brise le pied. Une douleur horrible s'empare de lui. Mais Huster s'est totalement dédoublé, comme chaque fois qu'il joue. Alors, il va aller jusqu'au bout de son rôle et du spectacle. Exactement comme si rien ne s'était passé... Octave ne souffre pas du pied. Il est généreux, pervers, intense, désinvolte, angoissé...

Personne ne remarque quoi que ce soit... « Pas même François Chalais » — titrera *France-Soir* — qui juge : « Une grande soirée ». L'œil du critique professionnel, pourtant exercé à déceler dans un regard, un geste, une expression, la moindre trace d'émotion, n'a vu qu'Octave sur le visage du comédien Huster. N'ayant eu connaissance de la nouvelle, François Chalais écrit, dans son article du 17 novembre : « ... J'ai assisté dans ma vie à bien des représentations des “Caprices de Marianne”. Je ne crois pas avoir été touché autant que par celle-là. Merci Ludmila Mikaël, Francis Huster, merci pour cette grande émotion de théâtre. »

Même chose pour José Barthomeuf du *Parisien Libéré*. Sa critique du 18 novembre est sans équivoque : « Francis Huster, toujours très à l'aise, bien dans sa peau, parfaitement désinvolte, nous fait encore penser à Gérard Philipe, avec qui il a partagé ce même rôle d'Octave. » Il ajoute en post-scriptum : « Chapeau Monsieur Huster ! J'apprends, après coup, que vous vous êtes fracturé un pied, ce soir-là, au moment où vous vous élanciez à la recherche de Cœlio. Et personne ne s'est aperçu de rien. La douleur dut être atroce. Mais vous avez tenu votre rôle jusqu'au bout sans un cillement... Il faut une sacrée dose de courage pour continuer à jouer dans ces conditions le personnage fantastique d'Octave. Et surtout un grand amour du théâtre. Et un grand respect du public. Qui vous le rend bien. »

Là encore, l'œil expert du critique n'a pas discerné l'ombre d'une faille sur le visage du comédien. La grande douleur d'Octave a complètement anesthésié celle de la fracture. Octave souffre. Mais pas Francis.

Oui, c'est un grand moment de théâtre et une belle leçon de courage dans la salle de la Comédie-Française. Cette Comédie-Française dont Michel Cournot se demande en première page du *Monde* : « A quel point ne rajeunit-elle pas ? » Et d'ajouter : « Francis Huster joue un Octave extraordinaire... De rôle en rôle, il est plus étonnant, il embrasse plus d'horizons. »

J'ai en mémoire cette soirée-là lorsque j'observe Francis qui vient de me confier la raison de sa démission en considérant qu'il a « peut-être, jusqu'à ce jour, trop vécu par procuration... »

Après la représentation, Francis minimise l'accident. Il est extrêmement touché par le mouvement de solidarité de la troupe. Les baisers qu'il échange, il ne les compte pas. Comme il ne soupçonne pas que, peut-être, l'un d'entre eux peut fort bien être le baiser de Judas.

Il rentre seul se coucher. Le temps d'installer le pied douloureux dans une position confortable, il ferme les yeux, ébloui encore par les applaudissements : « Quelle belle soirée ! », pense-t-il avant de s'assoupir.

Le lendemain matin, tel un soldat blessé allant jusqu'au bout, au-dessus de lui-même, il se rend au 35 quai d'Anjou. Aux Cours Florent. Là où il enseigne depuis de nombreuses années. Sa classe est libre et gratuite. Là encore, il communique aux jeunes son irrésistible passion pour le théâtre, ce qui endort la douleur. Il s'aide cependant d'une canne, mais il lui arrive de l'oublier.

L'après-midi, il se rend à Garches, chez son médecin, le docteur Ebelin. Une radio suffit pour le diagnostic : un os, le scaphoïde, brisé en deux.

Le médecin le prend pour un fou. Hospitalisation. Plâtre.

Jusqu'au 7 décembre, Francis doit assurer sept représentations des « Caprices de Marianne ». Elles seront remplacées par « Le Bourgeois Gentilhomme ».

Deux jours plus tard, je passe chez sa mère, avenue de l'Opéra, pour lui rendre visite. Elle lui a préparé son goûter, comme lorsqu'il était enfant. Allongé sur le lit, Francis lève son visage vers moi tout en posant sa tartine beurrée sur la table de chevet. Une bise sur chaque joue. Il n'attend pas mon « comment vas-tu ? ». Il résume à la vitesse du son les heures qui viennent de s'écouler depuis son accident. Cela me suffit. Je sais que « ça va » et « qu'il a bon moral ».

« C'était prévisible tu sais » me déclare-t-il. « Te souviens-tu de mon thème astral ? »

Non, je ne m'en souviens pas. Je sais que Francis croit en l'astrologie comme un fou, ça oui. Il n'affirme pas que l'astrologie est une science, mais il constate que, depuis des milliers d'années, l'accumulation de faits précis et l'évidence que tellement de concordances de caractères existaient entre des gens complètement différents avaient créé une espèce de loi des probabilités susceptible de troubler bien des destins...

Au début de l'année 80, son thème astral — il me le rappelle — prévoyait un accident à l'étranger et une distinction honorifique. « Or, je me suis cassé le pied à la Comédie-Française, mais la pièce se passe à Naples... J'étais donc à Naples ! » Il essaye de me convaincre. Je ne veux pas le contrarier. Je pense qu'il n'est pas seulement un excellent acteur, il ferait aussi un merveilleux « adaptateur ».

Mais, après tout, si cela peut lui faire plaisir ! Il n'y a plus qu'à attendre la distinction honorifique !

Ce ne sera pas la première. En quelques années, Francis en a déjà raflé quelques-unes, et pas des moindres :

1er prix Conservatoire du XVIIe de Paris en 1966.
1er prix Cours Florent en 1966.
1er prix Comédie Moderne Inter-Conservatoire en 1966.
1er prix Nommé de la Ville de Paris 1966.
1er prix Alfred-Simon 1967.
1er prix Diction Classe Robert-Manuel 1967.
1er prix Art Dramatique François-Florent 1967.
1er prix Comédie Moderne Conservatoire 1970.
1er prix Comédie Classique Conservatoire 1970.
1er prix Théâtre Etranger Conservatoire 1970.

Pensionnaire de la Comédie-Française 1971.
Sociétaire de la Comédie-Française 1977.

Il les avait tous prévus, un à un, ces premiers prix, depuis l'âge de quinze ans. Il en avait fait une liste, et chaque fois qu'on lui en décernait un, il le marquait d'un gros point au feutre noir. Ses bons points. Pourtant il lui en manque encore un certain nombre : Victoire du cinéma français, Prix de la meilleure interprétation masculine à Cannes, Oscar mondial, Chevalier de l'Ordre des Arts et Lettres, et bien d'autres... Je ne les ai pas tous en tête.

Mais aujourd'hui, celui dont « les astres » parlent, c'est lequel ? Je souris, déconcerté devant son visage épuré, habité d'une énergie vitale, parfois naïve, faite de passion et de désir, mais toujours à l'état brut.

J'ai tort de douter. J'ai oublié que ce jeune homme fébrile est doué d'une puissance occulte qui glisse dans ses veines.

Les astres — ou Huster lui-même — ont vu juste.

Le 3 décembre, alors qu'il profite de son arrêt de travail pour répéter avec Jacques Weber « Jacques le Fataliste » — en espérant être déplâtré pour la Première à Lyon —, il reçoit une lettre datée du 2 décembre, signée Pierre Bas, député et conseiller de Paris, adjoint au maire, chargé de la Culture, lui annonçant que le Jury qui s'est réuni le 27 novembre à l'Hôtel de Ville lui a décerné le Grand Prix Gérard Philipe de la ville de Paris.

La proclamation des résultats par Jacques Chirac doit avoir lieu le 8 décembre, dans les Salons de l'Hôtel de Ville.

« Je te l'avais bien dit ! » clame alors Francis, comme si cela coulait de source.

Il faut dire qu'en ce mois de décembre 80, les astres du comédien doivent être en pleine révolution. S'il n'avait pas prévu la trahison de ses amis du Comité, c'est parce que les critiques des « Caprices de Marianne » ne pouvaient que le rassurer sur la place qu'il occupait dans la Maison.

Le 5 décembre, l'administration du Français le somme de reprendre « Les Caprices de Marianne » prévus pour ce soir-là, avant d'aller rejoindre son ami Jacques Weber à Lyon — comme prévu — jusqu'au 21. Il se fait donc déplâtrer une heure avant de remonter en scène... avec une canne. C'est ainsi qu'il joue. Dans la salle, Jean-Jacques Gautier l'applaudit. Et le récompense, en écrivant, dans le *Figaro Magazine* du 20 décembre 1980 : « Quant à Monsieur Huster qui joue Octave, c'est sans doute sa meilleure incarnation. Sa diction est sans défaut. Il a vécu le rôle intensément. Il a témoigné de sa fougue et a montré les deux aspects si différents, si contrariés du personnage; bref, il a traduit ce qu'il a de trouble. Je suis bien content qu'il ait eu le Prix Gérard-Philipe ».

Oui, c'est bien Jean-Jacques Gautier qui l'a écrit !

Un double prix pour Francis.

Pourquoi l'avis de Jean-Jacques Gautier lui importe-t-il plus que tout autre ?

Parce que Francis est fidèle de nature. Dans ses amours, comme dans ses amitiés. Pour lui, la fidélité est un devoir et il demeure dans l'observation continuelle de ce devoir. Un engagement ! Et Jean-Jacques Gautier a suivi pas à pas la carrière d'Huster. Il ne lui a rien laissé passer, aucune imperfection, petite ou grande. Alors, Francis lui a arrogé le droit de « l'examiner » sans concessions, comme il l'avait déjà fait une première fois, quand le jeune comédien appartenait « fraîchement » à la troupe du Français.

C'était en 1972. Jean-Jacques Gautier lui avait donné une « bonne leçon ».

« Je voudrais souligner au passage — écrivait-il dans *le Figaro* à propos d'une « Littéraire » sur Colette — que, seuls, les artistes qui ont le sens de la rigueur et du métier traditionnels se sont tirés à leur honneur et à leur avantage d'une épreuve ardue. Mais qu'est-ce que c'est par exemple que ce jeune monsieur Huster ? J'ai voté pour lui au Conservatoire, mais ce n'est pas une raison pour que la Comédie-Française laisse faire n'importe quoi à cet acteur concassant. »

Et pan ! On ne pouvait être plus clair et plus direct. Francis sait que, dorénavant, Gautier ne lui fera pas de cadeau, tout comme naguère il n'a pas épargné Gérard Philipe, ne cachant pas qu'il avait été déçu de sa prestation dans « Ruy Blas ». Dès ses débuts, Francis a appris que l'admiration de Jean-Jacques

Gautier n'était pas chose acquise. Il fallait qu'elle se mérite.

Or, ce jour-là, comme un présage, Huster retrouve la confiance de Jean-Jacques Gautier dont il était le « protégé » avant d'entrer au Français. Cette confiance, elle aussi, va l'aider à sortir en beauté de la Maison de Molière.

D'autant plus qu'à la même époque, en province, *Lyon-Matin* titre : « Les Amours de Jacques le Fataliste : un triomphe ! »

C'est une grande première que Francis Huster et son ami Jacques Weber offrent aux Lyonnais le mardi 9 décembre. Ils n'en finissent plus d'admirer et d'applaudir, surpris par une telle démonstration théâtrale. M. H. Aelvoet conclut dans son article : « Pas de gestes, ni de paroles qui ne tombent juste. Le jeu, la mise en scène de Francis Huster sont aussi remarquables que son adaptation du roman de Diderot. Jacques Weber lui donne superbement la réplique. Une réussite ! »

Dès lors la presse parisienne se précipite à Lyon. Marion Thebaud écrit dans *France-Soir* : « Francis Huster a cette ironie légère, ce charme un brin acide, cette désinvolture savante qui le rendent si séduisant quand il endosse l'habit qui lui sied, à savoir celui d'un comédien intelligent dont la tête parle avant le cœur. »

Et Jean-Jacques Rideau poursuit, dans *l'Humanité* : « Entre Huster et Weber, pas besoin de déclamation ou de gestes superflus. Pas besoin d'attirer l'attention, puisqu'on comprend à mi sourire. Les deux acteurs cessent d'apparaître des comédiens pour être des hommes avec lesquels on partage. Huster et Weber ont réussi cette chose formidable : faire pénétrer le spectateur dans l'intimité du plaisir du théâtre. » Jean-Jacques Rideau ne croyait pas si bien dire : avant Huster et Weber, le théâtre du 8e à Lyon comptait 2 000 abonnés. Il en compte 9 000 depuis.

Je pense à tout cela en ce jour anniversaire de Molière... après que Francis ait pris congé de moi. Ces « papiers » élogieux... Ce public qui ne se trompe jamais et qui en a fait le plus grand de toute la génération montante... Francis a toujours partagé ses succès, j'en suis témoin. Je ne l'ai jamais vu s'avancer seul sur scène. Il y entraîne toujours ses partenaires, dans le salut comme dans le bonheur de partager... « Les Caprices de Marianne », c'est Musset, c'est Huster, mais c'est aussi Georges Descrières dans le rôle du juge Claudio. Remarquable, donc remarqué. C'est également la belle Ludmila Mikaël (Marianne), « très aidée par une robe sublime de couleur rouge », mais également par la fougue d'Huster à laquelle elle réagit tout en finesse et transparence. Richard Fontana (Cœlio), accroché à une énergie définie, va droit au centre de son personnage. Il s'avère décidément un grand acteur. Claude Winter, dans le rôle d'Hermia, est parfaite... « Les Caprices de Marianne », c'est aussi la mise en scène de François Beaulieu, discrète, fidèle, d'une intelligence extrême... C'est aussi la musique de Dominique Probst (pour mandoline, flûte, guitare, alto et percussions) venant apporter au décor fantasmagorique de Jean-Pierre Lanson les rumeurs étranges d'une fête lointaine... Et les costumes, superbes, de Dominique Borg ?... Oui, tout cela qui n'appelle que des compliments, n'est-ce pas un extraordinaire travail de troupe ?... Comme toujours, depuis des années... Depuis ce jour où je ne connaissais pas Francis Huster et que Jacques Charon — « Volpone », trente-trois ans après Harry Baur au cinéma et dix-sept ans après Jean-Louis Barrault à Marigny — me présente la « toute dernière recrue du Français, un petit gars très bien, étonnant, qui joue à ses côtés le rôle de Mosca (la mouche) ».

« Francis, pas un homme de troupe ? » J'ai failli m'élancer pour tenter de le rattraper et lui dire qu'il ne peut s'agir que d'une méprise, une mauvaise interprétation de sa part... Mais je sais déjà qu'il n'y a pas d'interprétation possible à cette question, lourde de sous-entendus.

Je pense encore à ce Comité d'Administration. J'ignore encore le nom de ceux qui en ont fait partie, mais je conçois combien il doit être difficile pour un artiste d'être un juge équitable. Surtout quand il s'agit de juger Francis Huster qui a le triomphe trop beau, partout, sur scène, sur le petit et le grand écran... Difficile d'être objectif alors qu'on est en proie à des ressentiments personnels, qu'on est sous le coup de jalousies ou tout simplement sous celui d'un échec...

Difficile d'être objectif alors qu'Huster triomphe partout !

La devise de la Comédie-Française est « Simul et Singulis », c'est-à-dire, en traduction approximative : « Œuvre collective, fruit du labeur et du talent de chacun. » C'est : « Un pour tous, tous pour un. »

La devise de Francis Huster a toujours été : « Le désir et le plaisir du public. » Il l'a gagné, le public. Gagné à travers un grand nombre d'œuvres collectives. Fou de son métier, par le fruit d'un labeur acharné et grâce à un talent à revendre, il s'est très vite imposé comme le plus professionnel de nos jeunes comédiens. Et cela, c'est tout à l'honneur de la Comédie-Française.

Mais, l'emblème de la Comédie-Française n'est-il pas une ruche d'abeilles bourdonnantes ?

Certes, les abeilles sont réputées pour leur labeur, mais elles ont aussi des dards. Des dards qu'il ne faut pas oublier et qui peuvent faire mal. Très mal.

LA LETTRE D'AMOUR

Avec une volonté écrasante, un courage sans pareil, Francis va être plus que jamais présent sur la scène du Théâtre-Français, en jouant en alternance « Les Caprices de Marianne » et « La Mouette » de Tchekhov, jusqu'au 29 mars 1981 à 20 h 30.

Sa dernière.

Il a tout joué ce soir-là, comme il joue tout chaque fois... avec un rien de désespoir en plus pour qui le connaît bien.

« La Mouette », une pièce précieuse, rare, mise en scène spécialement pour la Comédie-Française par le grand réalisateur tchèque Otomar Krejca. Dans son pays, il a œuvré avec son cœur, ses tripes, pour un théâtre neuf qui devait aller au-delà de la triste convention de soi-disant « Art Révolutionnaire ». Mais Krejca n'a pas été compris par les siens. Mis en disgrâce, il a été obligé de choisir l'exil après avoir présenté sa dernière réalisation... Précisément cette « Mouette » que Francis Huster joue le soir de sa « dernière ». Il la joue avec mélancolie, mais aussi avec de brusques éclairs de passion et d'espoir vite étouffés par la fatalité.

Ce soir-là, Francis a beaucoup de points communs avec Otomar Krejca qui est venu assister à cette ultime reprise. Spécialement pour applaudir Huster. Parce qu'il le considère un peu comme son fils spirituel. Ils n'ont pas besoin de se parler. Ils savent. Krejca sait ce qu'on ressent quand on doit faire sa valise... même si elle est bourrée de talent. Pour lui, c'est du déjà vécu.

Une demi-heure d'applaudissements. Le public, debout...

Dans les coulisses : habilleurs, régisseurs, techniciens, costumiers, secrétaires, ouvreuses... ils sont tous là. Ils pleurent. Eux savent que leur Maison, la plus grande de France, la Nationale, va être amputée du plus brillant de ses sujets. Parce que « eux », c'est aussi le public.

Dans sa loge, Francis ne veut voir personne. Il écrit une lettre, une lettre d'amour qu'il déposera au concierge, avant de fermer la porte derrière lui. Une lettre qu'on lira demain.

Dehors, il sait qu'il y a les photographes, les admiratrices qui l'attendent. Il ne leur dira rien... Il a la gorge nouée.

Alors il écrit encore, pour eux, sur une ardoise :

1971-1981 — A SUIVRE —

Dimanche 29/Mars 81

COMÉDIE FRANÇAISE 1680

Adresse Codifiée :
B. P. 266
75021 PARIS CEDEX 01

Pour tous mes amis de la Comédie-Française

Mes amis,

Permettez-moi de vous adresser ces quelques lignes pour vous remercier de vos témoignages d'amitié et pour me justifier directement auprès de vous de mon départ. Je suis très très ému de vous quitter. Me voilà revenu au port après une jeunesse, dix ans, passée à bord de ce Beau et Grand navire. Vous m'avez tous appris mon métier de comédien. Votre talent, votre respect du travail, votre humilité, votre passion du théâtre et votre amour pour la Maison furent exemplaires. Ne vous méprenez pas : je ne vous tourne pas le dos. Je crois avoir mis tout mon cœur et toute mon âme de mon côté à chaque représentation. Je redeviens un simple navigateur solitaire et j'ai décidé d'affronter des océans nouveaux pleins d'écueils, de naufrages et de tempêtes non pas pour vous trahir et jouer la carte d'une "carrière" mais au contraire pour progresser, pour créer, pour souffrir et tout risquer, pour être en péril, pour atteindre ma propre vérité. et je souhaite de toute ma conviction sincère qu'une fois devenu cet homme de théâtre là nos routes se recroiseront.

Monsieur l'Administrateur,
Monsieur le Doyen,
et tous mes amis de la Maison
pour ces dix ans de théâtre, de bonheur
je vous embrasse très fort et vous adresse ma profonde gratitude

Francis Huster

Télégr. : COMEDIFRANÇAISE - 75 PARIS — [illegible]
Administration : Place Colette, 75001 PARIS — Tél. (1) 296-10-24 — Location (1) 296-10-20
I.N.S.E.E. 880-75-101-E-051 — N° SIRENE 302-977-145-000 10 — A.P.E. 8605

ZCZC TPI045 087 0723 RMB083 087 0724 PAB222 IAB795
MARSEILLECAL 28/21 28 0723

FRANCIS HUSTER
COMEDIE FRANCAISE PLACE COLETTE
PARIS01

TOUTES NOS PENSEES AFFECTUEUSES CE SOIR POUR CET ADIEU
QUI N EST PEUT ETRE QU UN AU REVOIR
PIERRE FRANCINE DUX

COL PARIS01

Le télégramme qu'il trouve dans sa loge, le soir de « sa dernière »... Dux et sa femme ne l'ont pas oublié.

DÉPARTEMENT

DU TARN

MAIRIE DE CASTRES

Bureau de l'État-Civil

ACTE DE MARIAGE

DE

Mr Molière

Jean Pierre Jules

AVEC

Mlle Fourrès

Marie Augustine

Du 6 mai 1876

N° ______ du Registre

Une petite fille allait naître de cette union. C'est elle que le destin a désigné pour accueillir Francis dans sa venue au monde, ce 8 décembre 1947…

GÉRARD PHILIPE EST MORT...
DÉJA WEBER.

Francis Huster est né le 8 décembre 1947 à 12 h 45 à Neuilly-sur-Seine. Il est Sagittaire ascendant Poissons.

Suzanne, la maman, a d'emblée confiance en l'étoile de son enfant. Elle vient d'apprendre que la sage-femme qui l'a accouchée s'appelle madame Molière !

Un signe qui ne peut échapper à la jeune mère. Elle n'a jamais oublié ses dix-huit ans, alors que son cœur battait à tout rompre dans sa poitrine parce qu'elle lisait le règlement d'un concours de beauté dans un journal. Premier prix : un grand rôle dans un film. Ah, que de rêves elle a faits ! Avec une dizaine d'autres jeunes filles, elle est sélectionnée, sur trois cents concurrentes, pour la finale. Hélas, ses parents, à qui elle a tout avoué, lui interdisent d'y participer. Leur Suzanne ne peut devenir une de ces « filles perdues » qui font du cinéma ! Et à son âge, à l'époque, on est encore sous la tutelle paternelle. Pourtant, Suzanne a de qui tenir : Rose, sa mère, raffole des productions américaines. Il est vrai qu'on peut aimer le cinéma sans pour cela en faire.

N'empêche que Suzanne a toujours souhaité qu'un de ses enfants réalise un jour son rêve brisé...

Le petit Francis a déjà un frère — Jean-Pierre —. L'année suivante, sa sœur Muriel viendra agrandir la famille. Il va partager avec eux les souvenirs d'enfance d'un père « Front Populaire » et d'une mère « qui fait des robes ».

Comme presque tous les gosses de sa génération, il dévore la « Bibliothèque Verte » et la collection « Rouge et Or », avec comme auteurs favoris : Saint-Exupéry et Paul Féval. Très tôt, la lampe sous le drap, il prend un plaisir inouï à « vivre entre minuit et trois heures ». Douceur de l'interdit qui l'emmènera plus tard à la découverte de Molière...

Chaque mercredi soir, un rite : sa grand-mère maternelle, mémé Rose, l'emmène au cinéma. Il voit tout, des films de Renoir, d'Hitchcock. Il goûte à tous les genres, même à ceux que ses parents lui auraient interdits, telle « La jument verte ». Il découvre Jean Gabin, Maria Schell, Humphrey Bogart, Gary Cooper, Vivien Leigh... Vivien Leigh pour laquelle il gardera à jamais un « grand faible ». (Dans son portefeuille, sa photo est la seule à avoir sa place avec celles de ses intimes).

Le destin veille...

Le 25 novembre 1959, Francis sort de l'Auber-Palace, en tenant le bras de sa grand-mère. Soudain, ils entendent dans la nuit, un marchand dc journaux aboyer une nouvelle. Francis n'y prête pas attention. Pourtant il voit mémé Rose s'affoler. Elle lui lâche le bras pour se précipiter vers l'homme qui tend, devant lui, un journal déplié. Elle regarde à trois fois le titre, semble défaillir, éclate en sanglots... L'enfant est effrayé. Il a peur d'apprendre le drame qui bouleverse sa grand-mère. La vieille femme gémit en répétant inlassablement : « Gérard Philipe est mort, ce n'est pas possible... Gérard Philipe est mort... »

Sur le moment Francis est soulagé. Il sait à présent que personne n'a disparu dans la famille...

Comme d'habitude, ils sont rentrés ensemble. Mais ce n'est plus comme autrefois. Mémé Rose n'arrête pas de pleurer. Il essaye en vain de comprendre pourquoi elle éprouve un tel chagrin à la mort de quelqu'un qui, selon lui, n'est qu'un visage sur un écran. Mais il n'a jamais encore vu sa grand-mère dans un pareil état. Et, comme il l'adore, il est bouleversé, lui aussi. Impuissant, devant cette scène qui le marquera pour la vie.

Pour Francis, le cinéma c'est de belles histoires. Les stars : les visages de ces histoires. Il les admire. Sans plus. Rien à voir avec ceux qui le fascinent : Kopa ou Jean-Claude Killy. Plus tard, il sera un footballeur international ou un champion de ski.

C'est précisément le ski qui va décider de son avenir en l'éclairant, tout à fait incidemment, sur sa véritable vocation.

Il a quatorze ans. Comme chaque année, ce sont les vacances d'hiver, dirigées par le prof de gym du Lycée Carnot, Claude Barbier. Un matin de brume, alors qu'il descend une piste assez raide, il rate le virage. Il tente de se redresser. Impossible. On le relève. On l'examine. La cheville est cassée. Il rentre au lycée le pied dans le plâtre.

Pas question pour lui de participer aux sorties hebdomadaires. Le professeur de culture physique lui conseille, pour tuer le temps, de s'inscrire aux cours municipaux de comédie...

Là encore, le destin. Son destin. Le rêve de sa mère. Ce qui fait rêver sa grand-mère.

Mais lui n'en rêve pas. En attendant de pouvoir reprendre sa place dans l'équipe de foot, plus que par conviction profonde, il s'inscrit. Pour se distraire, faute de mieux, et c'est tout.

Une loi suprême, immuable — il en est aujourd'hui certain — a réglé d'avance la suite et l'enchaînement des événements de sa vie. Une vie qui, à son avis, commence vraiment là.

Avant, Francis était un adolescent ouvert et solitaire; dès lors...

Au cours d'art dramatique du 17e arrondissement il rencontre Jacques Weber, un garçon de son lycée. A quinze ans Huster est élève de la classe de 1re. (Oui, c'est vrai, 15 ans en 1re !). Weber, lui, est un « cancre ».

Pourtant, ils se ressemblent quelque part et ne s'y trompent pas. C'est le coup de foudre amical et classique du brillant sujet et du cancre.

Huster n'est plus un, mais deux.

Cette année-là, il a lié son destin à celui de Jacques Weber.

Dans la cour du Lycée Carnot, cet étrange établissement scolaire aux allures de colonie pénitentiaire, il jouent déjà ensemble. Au basket, au volley. Oui, dans ces lieux où un incompréhensible envoûtement résiste au fil des ans, Francis Huster et Jacques Weber se donnent déjà la réplique. Un rendez-vous sacré du destin. Ils savent désormais qu'ils ne se quitteront plus. Persuadés qu'ils deviendront les deux plus grands acteurs de leur temps : « les deux Laurence Olivier ! » proclame Francis.

Ils lisent tout le théâtre ! Toutes les pièces, tous les livres qu'ils peuvent trouver. Ils s'en procurent une grande partie dans un lieu que Francis aime particulièrement : la Librairie Théâtrale de la rue de Marivaux. Comme des grands, ils vont découvrir les comédiens : Robert Hirsch dans « Amphitryon » — inoubliable pour eux — Jean Piat dans « Cyrano » et le « Mariage de Figaro »...

Chez Francis, la passion a percé. A tel point qu'il abandonne sans regret le ski et le ballon rond — ces vieux projets ! — pour se consacrer exclusivement à sa nouvelle et fascinante découverte. Il n'est plus question pour lui de faire autre chose que du théâtre.

Pourtant ses débuts aux Cours auraient pu le décourager. Sa première scène, il l'a jouée à plat ventre.

En effet, Francis est myope. Ce jour-là, par coquetterie, il enlève ses lunettes. Résultat : quand c'est à son tour de monter sur l'estrade, il ne voit pas la marche et s'étale de tout son long.

Son Maître, François Florent, éclate de rire avec, en chœur, toute la classe. Il lui demande : « Pourquoi venez-vous ici ? »

Francis se redresse, bouleversant d'humilité avec, déjà, cet insupportable orgueil qui va le particulariser :

— Je veux voir ce que je vaux par rapport aux autres.

Il sait dès lors qu'il veut réussir, sortir du lot à tout prix. Devant son professeur, ce petit chat écorché vif travaille déjà dans le génie en prônant l'humilité. Cela n'échappe à personne.

Weber est toujours fauché. Francis est riche des 70 francs d'argent de poche que lui donne sa grand-mère. Les copains ont alors de 5 à 10 francs par semaine, tout au plus.

Grâce à la « fortune » de Francis, nos deux amis vont passer de formidables mercredis après-midi. Une séance de cinéma. Parfois deux. Puis une énorme glace avec beaucoup de crème Chantilly !

Ils ne fréquentent pas la cinémathèque. Ils choisissent, la plupart du temps, des films populaires à grand spectacle, comme « Spartacus ». Et puis, tous les Gabin. Les vieux Jouvet, les Brasseur et, naturellement, tous les films de Laurence Olivier : « Hamlet », « Henri V », « Othello », « Richard III »... Et voilà qu'ils montent des pièces en hommage à Molière qu'ils jouent devant les habitants de l'arrondissement. Fiers d'eux-mêmes, ils se surnomment : « The two kings » (les deux rois); sous-entendu... du Théâtre-Français. Normal, puisque c'est le plus grand ! Un théâtre à leur dimension. Ils ne rêvent plus que de cela.

Lorsqu'ils s'écrivent, ils signent : « One of the two kings »...

Pourtant, comme tous les garçons de leur âge, ils vont aussi en boum. Francis est perpétuellement et contemplativement fou amoureux. Jacques aussi, mais lui écrit de magnifiques lettres, des poèmes. Francis non. L'amitié lui paraît un sentiment plus sérieux et très important.

Pour sceller la leur, un soir, dans un café ils se sont mutuellement cassé un œuf dur sur la tête, comme pour prêter un serment de chevalerie. « Le serment 62 ». Il demeurera éternel pour Francis.

Et puis le destin règle toujours, dispose, ordonne l'avenir de Francis, dans la joie mais aussi la douleur...

Mémé Rose est morte sous ses yeux alors qu'il va la voir à l'hôpital. C'est un coup terrible. Devant cette femme qu'il aime, il se rappelle du chagrin qu'elle avait ressenti à la mort de Gérard Philipe, et cet amour qu'elle éprouvait pour les comédiens... Oui, par-delà la mort il se jure qu'il deviendra, avec Jacques, l'un des « deux Laurence Olivier ».

Francis est très proche de sa mère. Elle fait tout pour l'encourager, y compris des heures supplémentaires pour l'aider à payer ses études. Pourtant la famille Huster n'est pas riche, mais ils ne rechignent pas à faire du travail en plus pour que le cadet puisse réussir. Même si papa n'est pas enthousiaste à l'idée que son fils néglige ses études pour les planches — son ambition étant qu'il devienne médecin comme l'oncle Albert — Francis promet de poursuivre ses études jusqu'à ce qu'il décroche son bac philo, tout en continuant ses cours de comédie.

Il y a aussi monsieur Florent qui s'en mêle. Il sait par des paroles persuasives et rassurantes, convaincre les parents de Francis, mais aussi ceux de Jacques Weber, de leur laisser choisir la voie qu'ils se sont tracée. François Florent, c'est aussi le destin, lorsqu'il invoque le talent des deux amis, en prévoyant leur brillant avenir.

Les parents ont commencé à respecter leurs fils et, inévitablement... à les rejeter. Leur passion pour le théâtre en faisait des étrangers. Ils changeaient de famille.

(Plus tard, monsieur et madame Huster deviendront néanmoins les premiers supporters de Francis.)

L'été suivant, Francis et Jacques vont en Bretagne, à Trébeurden. Ils vivent leurs vacances, leur jeunesse. Ils participent à tous les tournois entre copains : échecs, tennis, natation. Jacques est un champion partout. Ils font aussi de superbes balades à bicyclette. Là ils sont au moins égaux, car malgré son regard de myope, Francis voit très bien la route superbe qui s'ouvre devant lui à l'infini.

Francis Huster, un grand sentiment de la nature qui s'est abattu sur le monde du spectacle.

Les parents de Francis : monsieur et madame Huster.

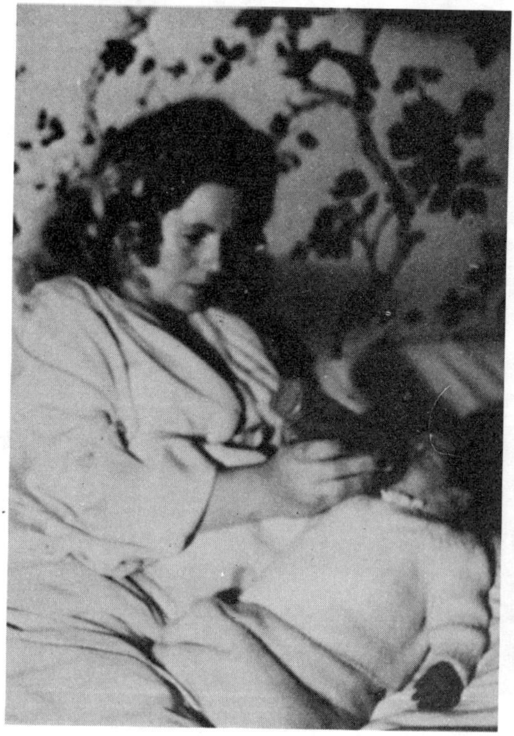

Les premiers biberons.

Les 3 petits Huster : (de gauche à droite)
Francis, Muriel et Jean-Pierre.

Francis à 10 ans.

Les Cours d'Art dramatique. Sa vie commence vraiment là.

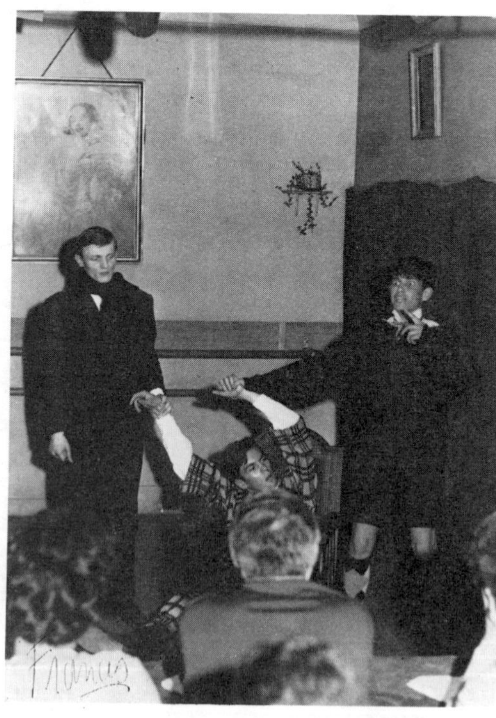

Cette année-là, Francis a lié son destin à celui de Jacques Weber.

Huster-Spiesser… Jacques le Fataliste…
Une affaire de sensibilité est en train de naître.

Georges Franju lui confie le rôle qu'il destinait à Gérard Philipe : « La faute de l'Abbé Mouret ».

La photo du destin ! « Un visage a sourire de paradis retrouvé ». Un v sage qui va séduire Nina Companeez.

STAR OU RIEN DU TOUT !

Instinctivement, il sait jouer de ses dons et de ses charmes. Mais, déjà perfectionniste, il revendique le travail, seul pilier, selon lui, d'une carrière qui a pour clé l'ambition.

Cette course qu'il veut à tout prix gagner, c'est avant tout une course contre lui-même. C'est à Francis Huster que Francis Huster entend livrer un combat sans merci.

S'il avait été sportif il aurait été Kopa ou Killy... Borg ou Platini, plus tard.

Les Français ont un faible pour Poulidor. Lui préfère Anquetil. C'est son droit. Il a le culte du vainqueur, à fleur de peau. Vainqueur, il l'a été dès la primaire, puis au lycée où il a collectionné les prix d'excellence. Il a besoin de rafler les prix. Tous les prix. Oui, je le répète, il est comme ça Francis. Mieux, il possède jusque dans ses tripes la conception du « génial »... avec, aussi paradoxal que cela puisse paraître, un mélange hors du commun d'ambition et d'humilité. Malgré son clin d'œil gentil, il sait, dès ses tout débuts, que s'il lui prend un jour la « grosse tête », il deviendra mauvais. Francis est impitoyable avec lui-même, ce lui-même qu'il adore cependant par-dessus tout.

Il confie à son ami Weber : « Je veux être star ou rien du tout. » C'est lui et sa philosophie. Une attitude dangereuse que son entourage ne manque pas — déjà ! — de taxer de mégalomanie.

Il fait un vœu : interpréter avant l'âge de trente ans tous les grands héros romantiques. Au cours d'Art dramatique, il a déjà appris à marcher sur une corde raide et à pirouetter au bon moment...

Mais il nourrit un autre projet qu'il ne veut perdre ni de vue, ni de cœur : jouer avec Jacques Weber. Triompher avec Jacques Weber. Son ami. En secret, il est en train d'adapter pour le théâtre, pour Weber et lui, un ouvrage de Diderot : *Jacques le Fataliste*, une des faces les plus savoureuses du génie de l'auteur. Il le travaille avec ravissement. Les génies se rencontrent. Comme Diderot, Huster converse bien moins avec les hommes qu'il ne converse avec ses propres idées. Comme lui, il est un volcan en éruption. Huster ne possède pas encore ses idées mais les idées du philosophe le possèdent. Oui, il a le cœur chaud quand il dit à son pote Weber : « On va le jouer ensemble sur scène, hein ? » Il pousse un « Ouaah ! » frénétique en sautant dans les bras de son ami. Weber sera le Maître fatigué et Francis ce coquin de Jacques, valet enjoué.

C'est l'un des miracles éternels et cruels de l'amitié ! On rêve aux mêmes choses, qui se défont au même moment, parce qu'il y a la vie...

Les deux apprentis comédiens suivent les cours du Centre de la rue Blanche avec comme professeurs, Teddy Bilis et Robert Manuel.

Jacques Weber trouve un engagement au théâtre Saint-Georges dans « Tchao ». La pièce marche. C'est bon pour Weber.

Francis s'engage dans une route plus sinueuse. Cap sur l'Amérique du Sud... Il passe par les Antilles où il tient le rôle de Pasquin dans « Le jeu de l'amour et du hasard », tout en faisant des conférences sur Ionesco, en anglais et en espagnol. Cela lui rapporte un peu d'argent. Juste de quoi continuer ses études au Conservatoire, dans la classe de René Simon. Là, il retrouve Jacques Weber.

Le Petit Soldat aux allures de vainqueur prépare sa première grande victoire. Il va la remporter et il le sait. Dans son for intérieur, il ressent les signes avant-coureurs de la gloire. Des signes qui ne peuvent pas tromper : une vitalité brûlante et un immense bonheur. Un bonheur qu'il a besoin d'exprimer, de communiquer au public...

Il sait que c'est possible. Il vient de vérifier son pouvoir de persuasion lors d'une récente tournée en province.

Alors, seul, face à son texte adapté de Diderot, il élabore son entreprise de séduction. Sans miroir.

Il a compris les multiples possibilités offertes par le champ théâtral. Pourtant, il sait que ce n'est pas facile de faire une œuvre personnelle en partant de Diderot. Il faut du courage et une bonne dose d'inconscience pour aborder ce grand écrivain avec un parti pris de comédien.

Malgré les indéniables qualités du dialogue, la pensée de Diderot et les thèmes qu'il a choisis ne sont pas conçus pour le théâtre.

Alors, chaque soir, en rentrant chez lui, le brillant élève du Conservatoire répète un « tête-à-tête » avec l'un des esprits les plus malicieux, les plus subtils et les plus gais de notre littérature.

« Sa pièce » est maintenant terminée... Si Diderot pouvait la lire, il y découvrirait l'une des facettes les plus savoureuses de son œuvre.

Huster doit surprendre !

La mise en scène, toujours seul — dans-sa-chambre-sans-miroir —, il la « taille » sur mesure. Il l'habille. Pour lui et son partenaire. Weber, bien sûr !

Il prépare les jeux des corps, des visages, afin que le texte enchanteur devienne désormais inséparable d'eux-mêmes !

Mais le rendez-vous avec Weber est manqué. « Tchao » tient toujours l'affiche. L'ami ne peut arrêter en plein succès. Un rendez-vous différé...

Le projet doit pourtant aboutir. Rien ne peut l'arrêter dans son irrésistible course vers un succès qu'il veut immédiat.

Déçu, blessé, en manque de Weber, en manque de partenaire, il propose le rôle du Maître à l'élève Jacques Spiesser.

La rencontre entre Huster et Spiesser n'a pourtant pas été chaleureuse. Ils se sont vus pour la première fois, quelques mois auparavant, à Combrée, où Jacques Spiesser était pensionnaire. Francis, lui, participait à la tournée d'un festival Molière où il jouait le Sosie d'*Amphitryon*. Mais l'élève Spiesser, originaire d'Angers, n'était pas seulement spectateur ce soir-là. Avec des camarades, il interprétait, en seconde partie du spectacle, *Poil de Carotte* de Jules Renard. Tout cela était malgré tout d'un « professionnalisme collégial ».

Pourtant, le provincial eut le sentiment d'être méprisé par le parisien...

Et puis, l'inéluctable destin...

Leurs chemins allaient très vite devenir parallèles : les cours Florent, le Conservatoire du XVIIe arrondissement à Paris... Le Centre d'Art Dramatique... Le Conservatoire National... Leurs chemins se croisent enfin.

Oh, surprise ! Le parisien et le provincial sont deux comédiens en herbe qui ont la même sensibilité. Une sensibilité qui se rattache au romantisme. Fous de théâtre et de beaux textes, ils se rapprochent. Francis décèle chez Spiesser celui qui pourra remplacer l'ami « perdu dans le théâtre de boulevard » : son « Maître ». Spiesser sera mieux qu'un faire-valoir. Un partenaire à part entière.

Une « affaire de sensibilité » est en train de naître.

En 1970 les spectacles d'élèves n'existent pas. Qu'à cela ne tienne : Huster sera un précurseur.

Ils ont vingt ans ou guère plus. *Jacques le Fataliste* présente des hommes mûrs qui évoquent les jeunes qu'ils ont été. Mais la puissance des deux magiciens va, tout naturellement, provoquer crédibilité et réalité.

Le 24 février, ils présentent *Jacques le Fataliste* au Conservatoire. Leur succès décide d'une reprise au Théâtre des Hauts-de-Seine à Puteaux.

Huster et Spiesser se « fabriquent au jour le jour », au contact du public.

Ils s'inventent, ils se composent. Une vérité, une nouvelle naissance qui va s'épanouir sur une vraie scène parisienne : le Théâtre de l'Atelier le 7 décembre 70. Succès oblige ! Mais Francis est conscient que la partie n'est toujours pas gagnée. Il soupçonne la lutte franche que lui et son partenaire vont avoir à mener avec le public parisien. Celui qui paye sa place, assemblé dans l'ombre, qui observe, qui juge.

Francis jure qu'il sortira de l'ombre pour exister car il doit plaire et très vite. Le public sera son seul miroir. Sans lui, il n'y a plus de reflet et Huster a besoin de recevoir toute la réflexion de sa propre lumière qui se joue sur des tons différents. Aussi a-t-il réglé la mise en scène, rideau ouvert, à partir de la salle illuminée.

Sur scène, on distingue le décor dans la pénombre. Au milieu du plateau, la suggestion d'une auberge du XVIIIe siècle. Côté jardin : une grande table rectangulaire. Côté cour : un fauteuil, un tabouret.

Un vrai repas est dressé. Charcuterie, volaille, légumes, fruits. De l'eau, du vin, du pain. Un couvert à chaque extrémité. Tout est réaliste, simple. La sobriété est ici au service de la richesse excessive du texte.

Une bougie est allumée au milieu de la table. Ni trois coups, ni musique.

La salle est soudain plongée dans l'obscurité.

Un court silence.

Par la salle, dans le noir, côté cour, le Maître (Jacques Spiesser) fait son apparition en chantonnant.

— Le Maître : Il était une bergère et ron et ron petit patapon...

Toujours dans le noir, toujours par la salle, mais côté jardin, le valet (Francis Huster) entre à son tour en chantant.

— Jacques : D'humeur assez légère qui aimait...

— Le Maître : Les garçons...

— Jacques : Ron ron...

— Le Maître : Bien plus que ses moutons ron ron !...

— Jacques : ... Patapon !...

Début d'une musique de scène — Harpe du XVIIIe —. Le Maître monte sur le plateau. La lumière aussitôt s'élève. Beaucoup de tons orangés. Des ocres.

Le Maître contemple avec ravissement le festin. Il adresse un regard à son valet qui, à son tour, monte sur la scène. Mais, alors que le Maître se rend à la table, la contourne, Jacques reste près de la rampe à l'extrême jardin.

— Le Maître : Comment nous sommes-nous rencontrés ?

— Jacques : Par hasard, comme tout le monde.

— Le Maître : Comment nous appelons-nous ?

Après un temps de réflexion vers son Maître, Jacques se tourne vers le public.

— Jacques : Qu'est-ce que cela peut vous faire ?

— Le Maître : D'où venons-nous ?

— Jacques : Du lieu le plus prochain.

— Le Maître : Où allons-nous ?

— Jacques : Est-ce que l'on sait où l'on va...

En soixante-quinze minutes, trois fois par semaine, en fin d'après-midi, au Théâtre de l'Atelier, Francis Huster et Jacques Spiesser vont au triomphe.

Les libertés prises par le jeune adaptateur-metteur en scène-comédien sur le texte sacré de Diderot sont éblouissantes, percutantes, grâce à l'humour qui jaillit à chaque réplique. Les effets des deux interprètes-créateurs sont justes. La virtuosité, comme elle doit être : discrète.

Huster a alors son sourire au fond du regard lorsqu'il lit à la première page du journal *Le Monde* : « NAISSANCE D'UN COMÉDIEN ». Et le commentaire de Bertrand Poirot-Delpech : « Retenez bien ce nom : Francis Huster. La veille encore, cet élève du Conservatoire n'était connu que de ses maîtres et de ses amis. Depuis lundi soir, il est évident pour les professionnels et les critiques à qui André Barsacq (le directeur du théâtre) a permis de le voir qu'un comédien de grand avenir nous est né, un jeune premier comme on en manquait, à la fois traditionnel et moderne, plein de charme et de causticité. Il ira loin, et vite. »

Loin et vite. Poirot-Delpech a tout compris ! Huster est très joyeux. Il fait à Jacques Spiesser un clin d'œil comme un sourire qu'il s'adresse à lui-même. Il va rafler tous les « premiers prix » des critiques professionnels, avec une fougue superbe et généreuse. Tout de grâce et de sensibilité, il partage ce succès avec Spiesser qui devient désormais son coéquipier.

Sur la scène, de jour en jour, ils émerveillent.

« C'est un régal — pense tout haut François-Régis Bastide dans les *Nouvelles Littéraires* — cette leçon de vie et d'amour donnée par le valet et son Maître; ce cours de métaphysique souriante où tout est écrit, de ce qui va nous arriver... C'est bien simple : on écoute en se pourléchant les babines. D'autant que c'est joué avec toutes les apparences de l'improvisation ».

Rien n'est moins improvisé que *Jacques le Fataliste*. Huster l'a pensé, intériorisé, extériorisé... mais quel beau compliment ! Libre comme la flamme, le génie de Diderot reprend des ailes grâce à la cervelle fumeuse d'un enfant terrible qui n'a pas craint la difficulté. « Un plaisir rare — comme on peut le lire dans les colonnes de *Paris-Match* —. Quel dialogue étincelant, quelle vivacité, quel esprit. C'est un rare plaisir d'entendre cette prose savoureuse... »

François Chalais ne lésine pas sur les mots. Il déclare tout de go sur Europe I : « Courez-y ! Ce spectacle est monté avec beaucoup de goût. Francis Huster est un comédien intelligent qui sait dire et faire des choses intelligentes. Quel avenir ! On parle de Gérard Philipe, mais s'il entrait à la Comédie-Française, il serait dans la lignée des Robert Hirsch. Un spectacle brillant, une soirée à ne pas manquer. Courez-y, voilà un jeune comédien qui nous donnera l'occasion de reparler encore de lui, je n'en doute pas. »

Huster non plus n'en a jamais douté. Huster savoure ces

éloges avec une fébrilité et un plaisir qui l'atteignent au plus profond de lui-même.

Dans les jours qui suivent tous les regards sont braqués sur lui.

Déjà, il fait la une de *France-Soir*. Jacqueline Cartier assiste à ce « dialogue pour le plaisir ». Elle participe à cet échange rare entre les comédiens et les spectateurs. Touchée par ces choses graves, qui parlent sérieusement de gaillardises, elle écrit : « Huster, brun et délié, l'intellectuel, a fait une adaptation scénique des plus intelligentes. »

Et Huster est heureux.

Le comédien a eu raison de se montrer ambitieux. Étonnant dans ses prédictions, il ne s'est pas trompé. Il possède déjà une maîtrise de ses moyens qui aurait pu sembler excessive à certains... Mais voilà : il a tapé juste.

Sa première grande victoire ! Le public se rend en foule à l'Atelier.

Huster est sorti de sa chrysalide.

Dans l'obscurité de la salle du Théâtre de l'Atelier : des regards. Comme ceux de Pierre Dux, dc Nina Companeez, de Georges Franju, d'Isabelle Adjani, de Pierre Fresnay... Le comédien fait l'objet d'une contemplation, d'une étude. En tout cas, d'une attention particulière qu'il a provoquée sans avoir pleinement conscience des conséquences qui pourront en surgir...

En revanche, il a appris qu'il fait désormais, un métier de guerre.

Il se conduit. comme un guerrier.

Il n'a pas de temps à perdre. Ni avec lui, ni avec les autres.

Huster est d'ores et déjà, en ce mois de décembre 1970, un artiste reconnu. Un artiste qui suscite l'enthousiasme.

Mais cela ne lui suffit pas. La même rage l'habite toujours. Celle d'être « une star ou rien du tout ».

LE DIRECTEUR ET LES ÉLÈVES DU CONSERVATOIRE
NATIONAL SUPÉRIEUR D'ART DRAMATIQUE

PRIENT M...

D'ASSISTER A UN SPECTACLE CHOISI, INTERPRÉTÉ ET MONTÉ PAR UN GROUPE D'ÉLÈVES

JACQUES LE FATALISTE

Adaptation et mise en scène de Francis HUSTER
d'après l'œuvre de Denis DIDEROT

MARDI 24, MERCREDI 25, JEUDI 26 FÉVRIER - 21 HEURES

SALLE DES CONSERVATOIRES, 2 BIS, RUE DU CONSERVATOIRE, PARIS-9e

INVITATION VALABLE POUR 2 PERSONNES

THEATRE de L'ATELIER

Place Charles DULLIN

Métros : Pigalle, Anvers, Abbesses - Location : 606. 49-24

VENDREDI - SAMEDI - DIMANCHE
19 HEURES

Fin du spectacle : 20 h. 15

ANDRÉ BARSACQ présente

FRANCIS HUSTER
JACQUES SPIESSER

dans

LES AMOURS DE JACQUES LE FATALISTE

d'après **DIDEROT**

Adaptation et Mise en scène de FRANCIS HUSTER
Costumes de PIERRE CADOT

PRIX DES PLACES : 10 F - 8 F - Etudiants - Collectivités : 5 F

LA MAISON

La Comédie-Française, pour le jeune Huster, c'est « l'âme du théâtre ».

Il n'a pas oublié ce jour de 1967, lorsque René Simon lui a déclaré : « Tu seras le héros romantique du Théâtre-Français. »

Cela parut incroyable au jeune homme qui s'apprêtait, avec son copain Weber, à jouer les comiques myopes. Mais après tout pourquoi pas ? Huster est myope. Huster peut être comique comme pas un.

Mais en 1970, grâce au succès de *Jacques le Fataliste*, les choses ont changé.

La télévision le demande aussitôt. Il enregistre *Les Caprices de Marianne* qu'il a joué au Théâtre de l'Élysée-Montmartre sous la direction de Georges Vitaly. Ceci entre *Jacques le Fataliste* créé au Conservatoire et la reprise spectaculaire au Théâtre de l'Atelier.

Déjà Musset. Déjà Octave.

Le destin le tient.

Le cinéma le réclame. Georges Franju lui confie un rôle qu'il destinait à Gérard Philipe — encore Gérard Philipe ! —, projet avorté par la mort du comédien. Le metteur en scène a cherché pendant plus de dix ans « cet autre Gérard Philipe » pour son film *La faute de l'Abbé Mouret*. La première chance de Francis Huster au cinéma. Gérard Philipe n'a pas complètement disparu...

Mais le buste de Molière, passée l'entrée des artistes de la Maison, semble l'attendre au premier tournant de l'escalier.

LE RENDEZ-VOUS AVEC PIERRE DUX

Francis n'a pas de coiffeur attitré. Quand il lui faut se couper un peu de tignasse çà et là, il entre chez le premier figaro venu.

Ce jour-là, quelque part dans la rue de Richelieu, tout à côté de la Comédie-Française, Francis se fait dégager la nuque... « un peu dessus... un peu sur les côtés ». Une coupe, quoi !

Là encore, Francis Huster semble porter en lui la puissance qui préside à son avenir. Oui, même chez le coiffeur. Pourquoi pas ?

A ses côtés, un homme froid, un peu guindé, la moustache guerrière d'un militaire en retraite, dégarni, se fait aussi « rafraîchir » la nuque. Il tourne son regard intimidant vers le jeune homme. « Bonjour Monsieur Huster » lui dit-il.

Les yeux que Francis lève sur son interlocuteur sont ensommeillés. Une seconde lui suffit cependant pour réaliser qu'il s'agit bien du « Patron » de la Comédie-Française. Pierre Dux en personne qui l'a reconnu, lui, le « petit » Huster !

Ils parlent peu tous les deux. Mais il ne faut pas s'y fier : les deux hommes se sentent curieusement proches. Ils comprendront plus tard pourquoi.

Quoi qu'il en soit, Francis est soudainement éveillé. Il a envie de raconter à cet « homme de théâtre » ses propres rêves... Envie de se « défouler »... Mais Monsieur l'Administrateur Général de la Comédie-Française reste réservé.

Francis sait que cet homme vient de faire un grand retour à la Maison de Molière. Un retour remarqué... L'un des très rares administrateurs du Français à avoir été nommé deux fois à ce poste : « Un type bien, le "Dux" », lui a-t-on dit. « Un mec vachement autoritaire. » Mais avant tout : « Un grand bonhomme de théâtre ! »

Rien dans l'attitude de l'administrateur ne permet de supposer ce qu'il pense du comédien Huster. Et le comédien Huster est avide de savoir.

Quand Dux se lève, le coup de ciseau terminé, il reste encore, aux yeux de Francis, un personnage énigmatique. Son allure de grand commis de l'État, quelque peu composée, entraîne très loin le jeune homme vers cette planète en forme de tréteau où s'agitent les comédiens depuis près de trois cents ans.

Le rigoureux complet-veston de l'administrateur semble démentir l'audacieuse entreprise de dépoussiérage dont on parle dans la Maison de Molière.

Francis se contentera d'un petit sourire aimable, suivi d'un rendez-vous. Et quel rendez-vous !

« Passez un de ces jours me voir dans mon bureau à la Comédie-Française » lui propose Pierre Dux. « Prenez un rendez-vous avec madame Midou, ma secrétaire. Nous parlerons... ». Le ton est naturel, quotidien... tout en gardant la science de la diction.

En sortant de chez le coiffeur, Francis est exalté. Dux, quoi qu'il advienne, représente le respect. C'est le père du théâtre. Ça, il en est convaincu.

Mais, si Dux ne sait pas encore tout sur Francis Huster, Francis Huster lui, en revanche, saura tout sur Pierre Dux. De A jusqu'à Z. Lorsqu'il se présente dans son bureau à la Comédie-Française, il pense qu'il a au moins cette supériorité.

Il téléphone à tous ses amis du Conservatoire : Antoine Vitez, son nouveau professeur, François Florent, son prof privé, à qui il demeure fidèle. Il veut tout connaître de celui qui est à la tête du plus illustre de nos théâtres. Tout. Car pour Francis, l'important, c'est le théâtre. « Ce Théâtre » dans lequel il sera forcément reçu puisque le sort en a décidé ainsi.

Francis prévoit qu'on ne parlera pas de « Pierre Dux » dans le bureau où Pierre Dux présidera. Mais il faut qu'il apprenne tout Pierre Dux, pour ne pas avoir le trac... l'ennemi n° 1 des comédiens.

Ainsi Francis Huster est-il l'un des rares acteurs que je connaisse à ne jamais être victime du trac avant d'entrer en scène. Il a horreur de cette vague idée de « notions ». Il déteste les vues générales, sommaires ou imparfaites. « Ses entrées » n'impliquent jamais aucun effort, aucune application particulière. Parce qu'il sait tout. Ce « tout » : une technique qui fera ses preuves et pourra servir de leçon à nombre d'apprentis comédiens.

Chez Huster, seuls les gestes et les intonations disent tout ce que taisent les mots. Car les mots sont toujours là, à portée de sa mémoire.

Qui est Pierre Dux, cet homme qui va le recevoir bientôt ? Qui ne va peut-être pas l'aimer. Duquel il n'attend rien, d'ailleurs. Mais qui le fascine, parce qu'il incarne la Comédie-Française, ou plutôt qu'il s'est incarné sur elle. Pour un an, deux ans, ou plus... Et il disparaîtra encore, peut-être, pour réapparaître et disparaître de nouveau, plus tard, en quelqu'un d'autre, comme on plonge dans les profondeurs de l'amour ou du théâtre.

Avant d'en savoir davantage, Francis Huster aime Pierre Dux. Parce qu'il se sent de sa famille.

Huster n'a pas besoin de mots pour reconnaître ceux de sa race.

Francis a eu vite fait de prendre connaissance de la grande carrière de « Dux », comme on l'appelle au Français.

Fils de comédien et comédienne. Sa mère, Émilienne Dux, a

été une des grandes Sociétaires de la Maison. Son père, Alexandre Vargas, le « Ramuntcho » de l'écran.

Devenu comédien à son tour, jouant tous les rôles du « jeune beau 1930 », en même temps que régisseur de tournées, lauréat du Conservatoire d'Art Dramatique de Paris à vingt ans avec les deux *Figaro* — celui du *Barbier* et celui du *Mariage* —, pensionnaire sous Édouard Boudet, puis Sociétaire de la Comédie-Française. Administrateur, un court moment, de 1944 à 1945... C'était l'époque des grandes crises, les secousses de la Libération. Le changement des statuts... Peut-être par excès d'amour, il démissionne au profit des principales scènes parisiennes pour redevenir acteur, mais également metteur en scène. Là, il interprète les meilleurs auteurs contemporains. Qui a oublié *Patate*, de Marcel Achard ?

Et voilà qu'en ce début d'année 1970, c'est le retour à la Comédie-Française. Par la grande porte.

Le choix du nouvel Administrateur Général a fait ricaner la Maison, secouée alors par les cabales. Les clans. Les mesquines rivalités.

La Comédie-Française c'était, il n'y a pas longtemps encore, le dernier salon où l'on ne causait plus.

L'air de rien, le successeur de Maurice Escande est en train d'oxygéner le climat et ouvre petit à petit la porte à tous ceux qui méritent de faire du théâtre. Ceux qui aiment le théâtre par-dessus tout.

C'est ce qu'on lit dans les journaux. Ce qu'on chuchote dans les coulisses. Dans les cours d'art dramatique.

On dit encore que cet homme de droite ne raffole pas des mises en scène « gauchisantes » à la Vitez ou à la Roussillon. Mais on affirme qu'il sait oublier ses préférences personnelles. Il a procédé tout de suite à une politique d'ouverture. Il a la conviction qu'un administrateur se doit d'être « éclectique ». Qu'il ne lui faut pas se figer dans une vision sclérosante du théâtre.

Alors, ses goûts profondément classiques ? Peu importe ! Ce n'est pas lui qui compte. L'important, c'est le théâtre. Cela dérange ? Tant mieux... Il en reste toujours quelque chose. L'avenir lui donnera raison.

On peut être croyant sans pour autant entrer dans les ordres et y célébrer la messe en latin.

Tout ce qu'apprend Huster sur Dux le séduit. Dux a parfaitement réussi sa rentrée...

Il saura, on le verra, parfaitement réussir sa sortie.

Francis Huster téléphone comme prévu à la secrétaire de l'Administrateur. Le rendez-vous est accordé. La date est prise. Elle est notée. Dans sa tête.

Devant la Comédie-Française : la queue des spectateurs. Il est à peine onze heures. Depuis quelque temps, elle n'est plus ce « musée déserté » dont parlait Musset, en constatant un soir, nostalgique, que Molière n'y fait pas recette.

Aujourd'hui Molière a l'air florissant. Pierre Dux est dans la Maison. Il y attend Huster. Huster, un personnage que Musset eût souhaité. Il a coupé ses longues mèches brunes. Il s'est fait un masque à la Brutus. Une fidélité à la boucle près.

Huster attend que l'huissier vienne le chercher pour l'accompagner jusqu'au bureau du « Patron ». Il regarde dans le couloir la grande plaque de marbre sur laquelle sont gravés tous les noms des administrateurs depuis le... 21 octobre 1680, date à laquelle la Comédie-Française est née officiellement, grâce à une Lettre de Cachet, signée à Versailles par Louis XIV et Colbert...

Par cette missive, pour le moins impérative, le Roi « voulait et ordonnait » que les comédiens de l'Hôtel de Bourgogne, spécialisés dans la tragédie, se réunissent en une seule troupe. « Troupe autorisée, en exclusivité, à jouer en français à Paris et dans les faubourgs ».

L'huissier vient enfin chercher Francis. Ce dernier l'imagine pouvant parfaitement manier l'alexandrin...

Dans le bureau de l'Administrateur, sous les tapisseries des Gobelins, l'ambiance est ouatée. Filtrée des rumeurs de la ville. Pas question pour Francis de déambuler à son aise. Mais il est à l'aise.

Dux l'invite à s'asseoir. Il ne restera pas derrière son bureau. Il prend place à ses côtés. Francis se sent bien.

Dux a un sourire charmeur. Un rien paternel. La cravate

papillon. En cet instant, l'Administrateur au « style rétro » devient rassurant pour Francis.

Le jeune homme regarde autour de lui. Il n'y a heureusement pas de couleur verte qui contrarierait sa superstition. Ah, ces artistes ! Presque tous les mêmes. Il va apprendre très vite que Dux a également horreur du vert. Au point qu'il hésita, la première fois, à jouer *Le Misanthrope*... L'homme au ruban vert !

Pierre Dux en vient enfin à Francis. A Huster le comédien. Il lui parle — enfin — des *Caprices de Marianne* et de *Jacques le Fataliste*. Il a vu la pièce ! Eh oui ! Le verdict est net. Pas question de compliments. Francis n'en attendait pas moins. « Tous vos effets ne sont pas justes. Un peu trop appuyés. Quelquefois distillés... Bah ! L'expérience gommera tout cela. »

En revanche... Dux lui avoue avoir été séduit. Charmé. Conquis. A la minute même où le comédien souriait alors qu'il saluait aux applaudissements. « C'est ce que j'ai trouvé de mieux dans le spectacle » prétend Pierre Dux.

Mais, « ce sourire », il lui propose de le défendre. Parce qu'à l'intérieur il a décelé une puissance qu'il devine magique. Un charme qui opère. Il en a été le témoin... Un don de la nature, un magnétisme qui n'a pas échappé à l'œil du professionnel.

Pierre Dux lui conseille le concours de sortie du Conservatoire. Un des moyens les plus efficaces de lutter contre le chômage des comédiens... Edwige Feuillère, Annie Girardot, Jean-Paul Belmondo, entre autres, ont décroché les premiers prix qui les ont aidés à faire la carrière que l'on sait. « Le métier de comédien est un éternel concours. Une vie théâtrale se passe tout entière en palmarès et en distinctions. » Dux est formel : « Pas de meilleur coup de projecteur que le concours du Conservatoire. »

Huster est déjà convaincu que plus il y aura de coups de projecteur sur lui, plus on saura qui est Huster.

Et puis, ce fameux concours de sortie du Conservatoire National d'Art Dramatique, quelque peu « désuet » depuis mai 68, ne conduit-il pas directement à la Maison de Molière ?

Avant de le quitter, Pierre Dux prononce une phrase qui

restera à jamais dans la mémoire de Francis :« Je pense que vous pouvez être un homme de la Maison. »

Pierre Dux sait parfaitement qu'il donne là, à Francis, un nouveau rendez-vous. Pour septembre 1971. Date à laquelle il entrera à la Comédie-Française.

En 1975, Pierre Dux dit à Francis Huster :

— JE PENSE QUE VOUS ÊTES UN HOMME DE LA MAISON.

En 1977, l'Administrateur lui déclare :

— VOUS ÊTES UN HOMME DE LA MAISON.

En juillet 1979, Dux affirme à Huster :

— VOUS ÊTES L'HOMME DE LA MAISON.

Le 31 de ce même mois, Pierre Dux quitte la Comédie-Française. « Pour cause d'âge », explique-t-il d'un petit ton tranquille et douloureux à la fois.

Une tragi-comédie pour Francis Huster.

LE RÉFORMATEUR

Une technique de pointe et quelques années suffisent à Pierre Dux pour transformer la plus vieille scène de France en théâtre pilote.

Celui qu'on appellera « le chouchou de Dux », Francis Huster, va vivre au jour le jour les grandes réalisations de l'Administrateur. De ces tours de force qui consistent à maintenir un difficile équilibre entre la sacro-sainte tradition et l'esprit d'aventure.

Dux sait faire appel à des metteurs en scène classiques — Rouleau, Cochet, Hossein —, à des étrangers — Terry Hands, Zeffirelli, Strehler —, mais aussi à Jean-Louis Barrault, Antoine Vitez, Jorge Lavelli, Antoine Bourseiller, en même temps qu'au sein même de la Compagnie se confirment des talents comme Jean-Paul Roussillon ou Jean-Luc Boutté... Tandis qu'il laisse éclater un Francis Huster... dont on se plaindra souvent au Français.

Dux innove en matière d'abonnements. Dès 1970, ce sont les « tickets modérateurs pour pingouins en habits ».

En 1971, c'est le boom : 300 000 places assurées !

Coup de poker si bien réussi qu'on refuse chaque année 150 000 demandes d'abonnements, faute de place.

Pendant ce temps, l'Opéra se débat. La S.F.P. s'effondre...

La direction de l'Odéon lui étant confiée personnellement, Dux invite la Comédie-Française à y présenter trois ou quatre spectacles par an, dans la grande salle et la mini-salle d'essai de cent places que Jean-Louis Barrault a créées...

Molière n'a jamais été aussi florissant, aussi contemporain. Sa Maison n'a jamais été aussi fréquentée.

En coulisse, on appelle Dux « le Réformateur ».

Mais le travail est intense, les lieux ne répondent plus à l'exigence. La troupe n'est pas assez nombreuse par moments. Mais à d'autres, le puzzle des distributions fait que des acteurs restent inemployés.

Le puzzle se complique des états d'âme des acteurs tentés par des expériences à l'extérieur. (La « demande de congé » a été de tout temps une tolérance.) Dux s'y casse la tête chaque jour...

Huster en abuse pour certains. Pour d'autres, on le préfère « en congé ». Quelques-uns souhaiteraient même qu'il reste carrément à l'extérieur.

Mais, mieux que personne, l'Administrateur comprend qu'Huster cherche parfois sa voie hors du Français. Dux hésita lui-même, à sa sortie du Conservatoire, entre créer l'opérette *Coup de roulis* ou entrer à la Comédie-Française ! Il veut que Francis fasse du Français « sa Maison ». Mais pas « pieds et poings liés »... Il faut qu'il choisisse lui-même, lui pour qui la foule se bat à chaque représentation...

Son seul échec, Pierre Dux l'a confié à Francis : n'avoir pu obtenir la construction de trois salles nouvelles, qui, selon lui, auraient permis de faire face à la demande.

Lors de sa dernière conférence de presse, Pierre Dux a parlé de cette nécessité impérieuse qui — a-t-il dit — devrait s'imposer « à un président de la République qui s'intéresserait au théâtre... ». Seule « liberté » que se soit permise cet homme courtois, libéral, qui n'a pourtant jamais caché ses opinions.

Tout le monde le regrette. Mais aucun autant que Francis Huster.

LE RENDEZ-VOUS AVEC NINA COMPANEEZ

Le rideau du Théâtre de l'Atelier est relevé.

La salle éclairée.

Dans la pénombre de la scène, Nina observe le décor : grande table dressée et garnie. Abondance de charcuterie, volaille, fruits...

Elle observe et elle attend. Quand l'obscurité se fait enfin, elle voit, en chair et en os, celui qui l'a captivée la veille, par la magie d'un simple sourire... La photo du destin. « Il s'appelle Francis Huster, lui a dit l'impresario Serge Rousseau. Allez le voir dans *Jacques le Fataliste*, il fait un tabac. »

Le nom de Nina Companeez est, jusqu'à ce jour, indissociable de celui de Michel Deville.

Elle est d'origine russe. Son père, Jacques Companeez, était un scénariste très célèbre des années 30. Quand il est mort, Nina avait dix-huit ans. Il a bien fallu qu'elle gagne sa vie. Alors, comme les gens qu'elle connaissait étaient tous dans le cinéma...

Elle devient « monteuse » dans un film de Léonide Moguy. Mais ça ne lui plaît pas. Convaincue qu'elle est en train de rater sa vie, elle pleure des nuits entières.

1957. Elle rencontre un jeune assistant metteur en scène, Michel Deville. Ils bavardent métier. Pourquoi ne pas écrire un film ensemble ?... Projet sans suite. La faute de la vie... Ils se perdent de vue.

Nouvelle rencontre, en 1959. Ils bavardent encore. Du même sujet. Oui, vraiment, ils pourraient faire un film ensemble. Nina s'écrie : « Ah ! Je sais comment ça pourrait commencer ! »... Comme si elle voulait conjurer le sort. Comme si elle avait peur qu'ils se reperdent...

Ils écrivent le film en le « parlant » entièrement.

Le film voit le jour. Il sort sur les écrans. C'est : *Ce soir ou jamais* avec Anna Karina et Claude Rich.

Voilà comment Nina Companeez est devenue scénariste. Très facilement, presque par hasard.

Elle travaille ainsi, plutôt dans l'ombre de Michel Deville, jusqu'à *Benjamin ou les mémoires d'un puceau.*

La distribution est brillante : Michèle Morgan, Catherine Deneuve, Michel Piccoli et Pierre Clémenti. Le film a un tel succès que la critique est obligée de considérer « l'apport-Companeez ». On commence à parler d'elle. Elle devrait être heureuse, elle ne l'est pas. L'insatisfaction s'empare d'elle.

Elle réalise que si Deville la protège, il l'isole et l'étouffe.

Elle fait encore un ou deux films. La productrice de l'un d'eux demande que Nina n'assiste pas au tournage. La raison ? Un comédien s'est plaint de l'influence et de l'importance que la scénariste prenait sur le plateau.

Illogique ! On admet l'importance de sa participation et voilà que d'un autre côté, on la lui reproche !

Et puis brusquement tout change.

Toujours avec Michel Deville, elle participe au tournage de *Bye, Bye, Barbara.* Elle interprète elle-même la chanson du film. Le film est un bide commercial. La chanson, un succès. Plus que jamais, on est obligé d'admettre qu'elle existe vraiment. On la voit. On l'entend.

Dès lors, la vapeur est renversée. La rumeur publique se met à affirmer que Nina Companeez « fait tout » !

Elle va pouvoir enfin envisager de s'exprimer comme elle l'entend. Elle va se libérer de Michel Deville et conquérir sa propre place. Celle qui lui revient.

Elle a longtemps écrit des rôles pour les vedettes. Le dernier en date étant celui de Brigitte Bardot dans *l'Ours et la poupée* — toujours réalisé par Michel Deville.

Aujourd'hui, en 1970, elle veut faire des choses neuves avec des comédiens neufs. Et sans contraintes. Maintenant, elle se sent assez sereine pour écrire le scénario qui lui tient à cœur : *Pauline ou le bel été* — qui deviendra par la suite *Faustine et le bel été* — Un véritable univers à la Companeez. Délicat et pudique. Celui des fleurs, des enfants, des maisons, de familles heureuses où des images raconteront les rêves et les exigences, les sensations simples et fortes de l'adolescente qu'elle a été.

Nina aime le passé, les vieilles malles poussiéreuses et les greniers à découvertes... Cet univers d'une enfance qu'elle a connue dans une villa, à Juan-les-Pins...

La famille Companeez faisait partie de cette petite communauté russe qui avait l'impression de vivre une étrange fête sur un volcan. Alors que le reste du monde était en guerre... Et puis, les Allemands sont arrivés. On l'a séparée de ses parents...

C'est le choc de cette séparation que la nostalgique Nina Companeez va répéter inlassablement de film en film, pour chaque fois, réinventer « une maison fermée avec des enfants ».

Elle va mettre en images un merveilleux album, de la même manière qu'on regarde les portraits jaunis, ou que l'on évoque les moments de bonheur qui glissent entre les doigts. Il y a Pauline et ses seize ans. Il y a Florent et Haroum. Il y a Marie, Camille et Ariane...

Nina cherche ses interprètes. Des adolescents beaux comme des adolescents. Avec des rires et des éclats de voix d'adolescents qui pénètrent à peine dans la vie, et qui n'ont pas encore eu le temps de comprendre que la réalité est parfois bien différente du rêve...

Nina a trouvé son héroïne. Muriel Catala sera Pauline, cette jeune fille innocente, en quête des premiers émois amoureux.

Mais elle est toujours en quête de ses autres interprètes. Inlassablement, dans toutes les agences, et chez tous les impresarii elle consulte des fiches et des fiches. Et le miracle se produit.

Ce matin-là, chez Serge Rousseau, dès qu'elle voit le visage « au sourire de paradis retrouvé » du jeune Huster, elle sait qu'il fera partie de sa distribution.

Il ne correspond physiquement à aucun de ses personnages. Qu'à cela ne tienne ! Elle ajoutera au scénario un rôle important qu'elle écrira spécialement pour lui. Pour lui tel qu'elle se l'imagine : tendre et fragile.

Ainsi est né Joachim, le frère de Florent.

Maintenant, il est là, tout à côté d'elle, dans la salle soudain plongée dans l'obscurité.

C'est le début de *Jacques le Fataliste*. En chantonnant, le valet (Francis Huster) rejoint, sur la scène illuminée, son Maître (Jacques Spiesser). Nina est enchantée. C'est bien lui, elle le reconnaît, avec son beau sourire « tendre et fragile ». C'est aussi son Joachim de *Pauline ou le bel été*.

Elle l'attend.

Elle l'accoste dans le foyer du « Théâtre de l'Atelier ».

C'est la première fois qu'il voit la jeune femme. Il lui trouve un petit côté XIXe siècle dans son ample manteau noir, chignon relevé sous une toque en fourrure. De longs gants de daim laissent cependant deviner la petite main fine qui lui tend le scénario.

Francis promet de lire. Tout de suite. En guise de rendez-vous, elle lui laisse son numéro de téléphone. Il est charmé. Il prend Jacques Spiesser par le bras. « On va lire » décide-t-il.

Ils font trente mètres pour atteindre le premier bistrot de la place Charles-Dullin. Ils dévorent ensemble *Pauline*. Le rôle de Joachim plaît à Francis. De toute façon, tous les rôles lui plaisent. Il est heureux.

Trois heures après, il compose le numéro de téléphone de

Nina Companeez. Un autre rendez-vous est pris : pour le lendemain même, au « Club 13 » avenue Hoche.

Huster est enthousiaste. Ce projet de film, c'est pour lui la promesse d'un grand bonheur. Les yeux fiévreux, il suggère à Nina Companeez d'engager son pote, Jacques Spiesser.

Il pourrait en effet convenir au personnage de Florent, l'amateur de poésie du scénario. Francis et Jacques se donnent parfaitement la réplique sur scène. Ils pourraient être des frères crédibles à l'écran.

Adjugé ! Jacques Spiesser sera Florent.

C'est alors que Nina Companeez dévoile à Francis Huster la distribution du film : Haroun sera interprété par Jacques Weber. Isabelle Adjani sera la jolie Camille, habitant « la maison bleue »...

Francis sourit. « Ah, ce sacré destin ! »

Weber ! Weber et lui, qui ne peuvent ni se perdre de vue, ni de cœur !

Et Adjani ! Isabelle... Est-elle si loin l'enfance, dont le reflet s'attarde dans l'œil brillant de Francis au souvenir de cette gamine qui — comme par hasard — hier encore, était au premier rang en compagnie de sa maman, pour l'applaudir ?

Décidément, sa vie est une pièce merveilleuse. Elle lui fait penser à ce fou de *Jacques le Fataliste*. Ce roman qu'il découvre un jour, où, dès le départ, Diderot s'adresse au lecteur : « D'où viennent-ils ? Qu'est-ce que cela me fait ? »

« Cela me fait du bonheur », répond Francis à Nina Companeez qui ne lui a rien demandé. Mais elle sait depuis longtemps qu'elle a pouvoir de réaliser des miracles. Des miracles d'amour qui permettent aux destins de se recouper et de se croiser. Comme par hasard.

ISABELLE OU ADJANI ?

La plus belle fille du monde ne peut donner que ce qu'elle a. Huster, lui, ne peut donner que ce qu'il veut, avec en plus : l'imprévisible.

En effet, on peut être l'ami de Francis depuis de nombreuses années, lorsqu'on aborde certains sujets, il en joue. Il fait semblant. Alors, on l'adore, ou bien il vous crispe. L'un n'empêchant d'ailleurs pas l'autre.

En mars 1981, à *Ciné-Revue*, il confie ses impressions sur ses principales partenaires féminines. De Bardot à Feuillère en passant par Deneuve, Moreau et Signoret, il les couvre d'éloges. Sur Isabelle Adjani, il se contente de répondre :

— Je n'ai rien à dire.

On peut être surpris. Rien à dire sur celle qu'il a connue alors qu'elle n'était qu'une enfant ? Aurait-il oublié le regard bleu, profond, de la lumineuse Camille de *Faustine et le bel été* , le film qui les révéla tous deux au grand public ? Et son *Ondine*, sur la scène de la Comédie-Française ?... Celle qui paraissait vivre un rêve... Si exaltée par sa jeune gloire qu'on avait l'impression qu'elle marchait sur l'eau. Effrayée quelquefois avec l'émotion d'une fiancée. De ces fiancées comme on en rêve : minces, ingénues à la bouche gourmande, le cheveu lisse sur la transparence de la peau...

Non. Francis n'a rien oublié, bien sûr. Mais il préfère jouer au sale gosse lorsqu'on lui parle d'Isabelle Adjani. Et là, on assiste à un prodigieux fourre-tout de souvenirs qu'il-ne-veut-pas-déballer. Du genre : « Isabelle, je l'aime, Adjani je la hais ! »

Bon. C'est à prendre et à interpréter. Ou à laisser.

Au Festival de Cannes 1981, Francis attend Isabelle — qui n'arrive pas. Deux de ses films sont pourtant en compétition...

Impatient, le 17 mai, il décide de lui écrire une lettre ouverte que publie le quotidien *Le Matin* du 18 :

LETTRE A ISABELLE

C'est quand même incroyable, la nouvelle vient d'éclater : tu seras là ! Bon. Isabelle Adjani arrive. Bon. Ce que je me demande c'est si c'est vraiment toi qui vas venir ou si c'est l'autre. Toi, Isabelle la belle, la bouche comme un cœur qui mord, les yeux qui sont les fenêtres de ton âme et qui s'ouvrent sur tes horizons de pureté et de folie. Ou toi, la Adjani, la star, la dédaigneuse, la solitaire, la pas-sympa, la figée, la qui-se-veut intello, et je te cite Brecht et Balthus et qui parle de Barthes, la qui-sait, la qui-réfléchit, la qui-aime-le-noir, l'ombre d'elle-même, le cauchemar Adjani alors qu'Isabelle nous fait rêver. Est-ce que tu l'as vraiment détruite cette image grotesque de toi, est-ce que tu vas vraiment venir, toi, Isabelle, toute simple, juste pour nous prouver que tu as une chair, une âme, une humanité, une sincérité ? Mon amour (permets-moi de te parler comme je le fais chaque fois devant ta photo au-dessus de mon lit car je déteste Adjani, mais j'adore Isabelle encore plus qu'Adjani ne s'adore elle-même et autant qu'Isabelle s'aime), j'attends, je t'embrasse de tout mon cœur, viens vite.

P.S. Il paraît qu'Huster (que je déteste) est à Cannes aussi... pour le Lelouch et Avis de recherche. J'ai déchiré depuis longtemps sa photo à côté de la tienne au-dessus de mon lit pour les mêmes raisons que j'avais déchiré celle d'Adjani. La photo de Francis (que j'aime) est toujours là avec celle d'Isabelle. Ah ! si vous vous décidiez à redevenir Isabelle et Francis, quelle affiche ce serait : deux monstres.

Signé : FRANCIS HUSTER

Cela provoque dès le lendemain l'effet d'une bombe dans le petit monde festivalier. On veut tout savoir sur cette « hypothétique » histoire d'amour.

Pour certains, Francis Huster — qui n'en est pas à ça près — se fait une « bonne pub gratuite »... La lettre court sur la Croisette avec une traînée de suffisance. On dit qu'il est prétentieux. Imbuvable. Qu'il joue « les Sarah Bernhardt » depuis des années...

On titre : « Avec Huster tout arrive : même l'imprévisible ! » « Francis Huster : *Les uns et les autres* et lui... »

Aux journalistes, il répond, l'air franchement surpris : « C'est fou cette histoire ! » En daignant de temps à autre ôter le foulard qu'il s'est mis sur le nez, pour se protéger du bronzage (à cause « des raccords », pour le tournage en cours du *Chef de famille*, la dernière saga de Nina Companeez.)

En réalité, Francis Huster attend bien Isabelle Adjani lors de ce 34e festival de Cannes, où il a, en dix jours, battu le record de présence.

J'étais près de lui. J'ai vécu cette attente avec lui. Il est vrai que Francis aime Isabelle (sans jeu de mots) et qu'il déteste la star Adjani 1981, comme il déteste Huster, parce qu'il pense, à cet instant précis, qu'ils se sont tous deux fait piéger par les spots de la gloire. En fait, cette lettre, c'est un règlement de comptes avec lui-même.

Le samedi 23, Francis Huster rejoint le tournage du feuilleton de Nina Companeez, dans la région parisienne. Ce même jour, Isabelle Adjani arrive à Cannes.

Ils auraient pu se croiser à l'aéroport de Nice...

FLASH-BACK — Isabelle 1969.

Aux Cours du Centre de la rue Blanche, Yves Le Moign', ami d'enfance, de lycée — donc pour toujours — vient annoncer à Francis : « Bernard Michel s'apprête à tourner un film : *Le Petit Bougnat*. Il cherche un acteur pour le rôle d'un moniteur. »

Le Moign' connaît bien Parmentier, l'assistant du réalisateur. Francis entre en contact avec lui. Parmentier le convoque pour une audition.

Dans le même temps, un monsieur aborde une petite fille à la sortie du Lycée de Courbevoie :

— Je voudrais vous faire jouer la comédie, qu'en pensez-vous ?

Ce qu'en pense la jeune lycéenne ? Très digne, elle répond :

— Monsieur, j'ai peur que vous soyez un satyre. Demandez à maman.

La maman se renseigne. Le monsieur est un metteur en scène très sérieux. Il s'appelle Bernard Michel et veut tourner *Le Petit Bougnat*, pendant les vacances.

Pour l'audition, Isabelle arrive accompagnée de sa mère. Elle est là comme s'il s'agissait de la chose la plus naturelle du monde. Elle garde encore aux genoux la trace d'une enfance toute proche.

C'est avec l'éclat de ses quatorze ans, sa grâce enfantine, qu'elle apparaît pour la première fois à Francis, un peu perdu dans une veste de velours, le cheveu en bataille, le regard dissimulé derrière ses petites lunettes.

Ils se regardent. Un simple salut de la tête est échangé. Avec eux, le jeune garçon noir qui sera *Le Petit Bougnat*.

La maman d'Isabelle offre un sandwich à Francis, en attendant...

Après le « bout d'essai », les adolescents se séparent. Nouveau petit salut, très bref.

Isabelle est engagée le jour de son anniversaire. Ce jour même où Francis apprend que le film devenant une coproduction, le rôle du moniteur est attribué à un acteur italien.

A la rentrée 1969, Isabelle retourne au collège.

Francis prépare fébrilement son *Jacques le Fataliste* pour le Conservatoire National Supérieur d'Art Dramatique.

Il reçoit en fin d'année une carte de vœux signée « madame Adjani »... Ah, oui ! Cette charmante dame qui lui avait offert un sandwich !

En décembre 1970, lors de la reprise triomphale de *Jacques le Fataliste*, madame Adjani vient applaudir Francis en compagnie de sa fille.

Toutes deux vont le féliciter dans sa loge. Isabelle observe Francis d'un regard immense, dans une pâleur romantique. Ils ne se sont pas encore parlé.

A un ou deux jours près, Isabelle, en ces mêmes lieux, aurait pu croiser Nina Companeez munie d'un scénario destiné à Francis... Alors que Nina songeait déjà à elle pour le rôle de Camille dans *Pauline ou le bel été*.

C'était « l'Isabelle la belle, la bouche comme un cœur qui mord... » de la lettre ouverte écrite par Francis, le 18 mai 1981.

LA NUIT DES ASSASSINS

En ce début 1971, Huster décide qu'il ne doit pas attendre, comme Mounet-Sully, que Dieu se manifeste.

Son interprétation de Jacques le Fataliste a enthousiasmé l'Administrateur du Français, Nina Companeez et même Pierre Fresnay qui voit en lui « le plus grand de demain ». En outre, il a eu tous les honneurs de la presse.

Avant son concours au Conservatoire, il veut donner un grand coup de poing. Un coup de poing saignant, à fleur de son talent.

Jean-Louis Barrault lui offre l'occasion au « Théâtre Récamier », qu'il dirige avec sa femme, Madeleine Renaud.

En mars 1971, il joue *La nuit des assassins*, une pièce du jeune cubain José Triana.

Ils sont trois enfants sur scène : Lalo, Cuca, et Béba. Ils « vivent » un bric-à-brac hors du temps et de l'espace en ayant l'impression de ne pas avoir accès à la « vraie vie ». Alors, ils jouent à tuer papa et maman. Ils se réunissent le soir dans le grenier, au milieu d'épaves diverses, paillasses crevées, chaises bancales et vieilles loques, pour célébrer ce rituel. Une pièce qui rappelle étrangement l'univers d'Arrabal ou de Genet, violente et burlesque, où se mêlent le réel et l'imaginaire. Les fantasmes obsessionnels et la naïveté de l'enfance...

« Remarquablement mise en scène par Roger Blin et interprétée avec infiniment de talent, de verve, et une sorte d'ivresse sauvage par trois jeunes acteurs, Michèle Moretti, Hermine Karagheuz et surtout Francis Huster, sacrificateur halluciné, tremblant de fièvre et d'angoisse », écrit Gilbert Guilleminot dans l'*Aurore*.

Bertrand Poirot-Delpech, dans *Le Monde*, rend, une fois encore, hommage à Francis Huster : « Moins ironique cette fois, plus proche de Charles Denner que de Gérard Philipe, mais de la race de ce dernier par la grâce et l'espièglerie grave... »

Une seule ombre : Pierre Dux pour qui il veut jouer chaque soir, ne peut répondre à l'invitation. Il est écrasé par son travail à la Comédie-Française. Mais le petit mot qu'il lui envoie fait chaud au cœur de Francis. Il aurait tout de même tant souhaité prouver au patron du Français qu'il était « autre chose qu'un sourire »... Commc si Pierre Dux ne s'en était pas douté !

Francis sait qu'il peut désormais être un comédien encore plus « total », prêt à affronter le public du plus grand théâtre du monde !

« Je sais que cette attitude est dangereuse car on peut la traiter de mégalomanie ou me traiter de réac. » clame-t-il. Mais il le clame « totalement ». Il suit sa vocation.

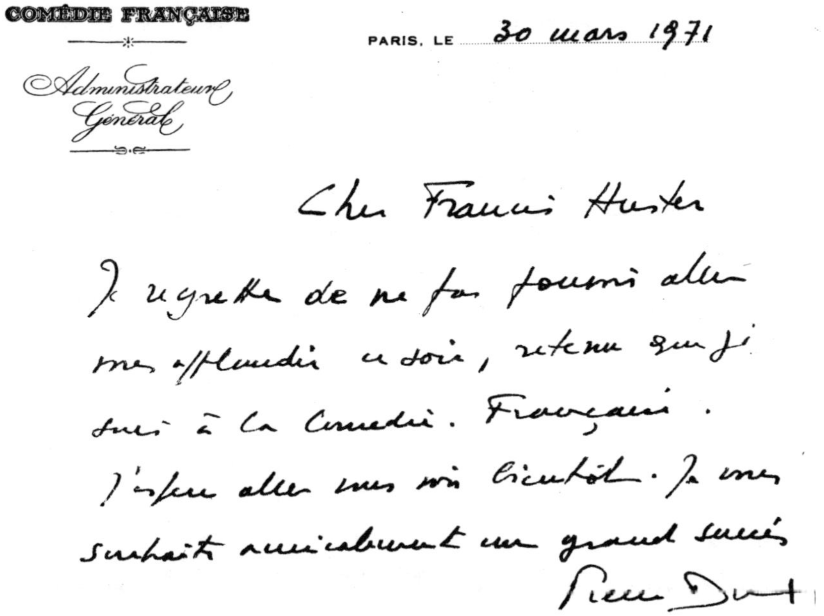

COMÉDIE FRANÇAISE

Administrateur Général

PARIS, LE 30 mars 1971

Cher Francis Huster

Je regrette de ne pas pouvoir aller vous applaudir ce soir, retenu que je suis à la Comédie Française.

J'espère aller vous voir bientôt. Je vous souhaite amicalement un grand succès

Pierre Dux

Une seule ombre : Pierre Dux ne peut venir voir Francis dans « La nuit des assassins »…

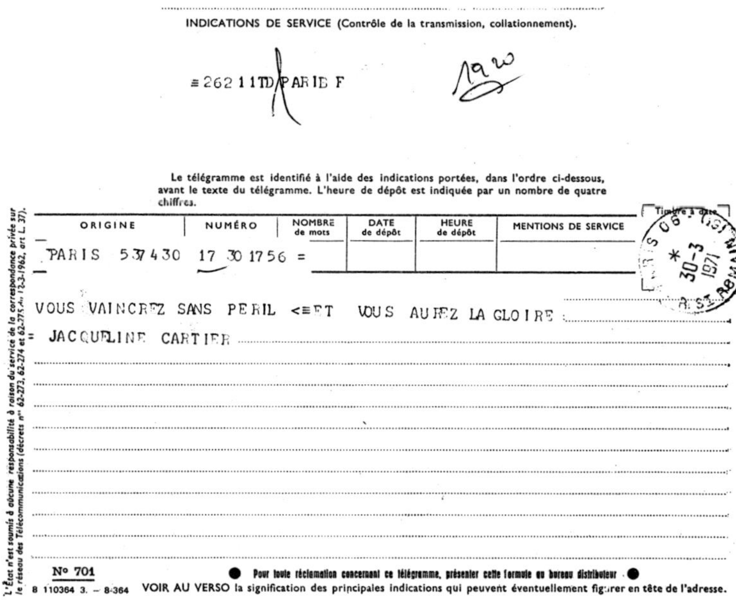

INDICATIONS DE SERVICE (Contrôle de la transmission, collationnement).

≡262 11TD/PARIS F

1920

Le télégramme est identifié à l'aide des indications portées, dans l'ordre ci-dessous, avant le texte du télégramme. L'heure de dépôt est indiquée par un nombre de quatre chiffres.

ORIGINE	NUMÉRO	NOMBRE de mots	DATE de dépôt	HEURE de dépôt	MENTIONS DE SERVICE
PARIS	537430	17	30	1756 =	

Timbre à date — 30-3 1971

VOUS VAINCREZ SANS PERIL ET VOUS AUREZ LA GLOIRE

= JACQUELINE CARTIER

N° 701

Pour toute réclamation concernant ce télégramme, présenter cette formule au bureau distributeur

8 110364 3. – 8-364 VOIR AU VERSO la signification des principales indications qui peuvent éventuellement figurer en tête de l'adresse.

L'État n'est soumis à aucune responsabilité à raison du service de la correspondance privée sur le réseau des Télécommunications (décrets nos 62-273, 62-274 et 62-775 du 12-3-1962, art L. 37).

...Mais déjà, il est le préféré de la presse. Jacqueline Cartier l'encourage.

HUSTER, MOLIÈRE, NINA COMPANEEZ, ISABELLE ADJANI, ROBERT HOSSEIN ET LA TRAHISON DE WEBER.

Juin 1971.

Dans les journaux s'étale la photo de trois personnes heureuses de sabler le champagne sur les marches du Conservatoire National d'Art Dramatique : Francis Huster, Jacques Weber et Nina Companeez.

Le premier, 23 ans, que l'on considère comme le nouveau Gérard Philipe, vient de remporter les trois premiers prix : Comédie Classique, Comédie Moderne, Théâtre Étranger.

Le second, Jacques Weber, 21 ans, le plus jeune candidat inscrit, a eu le prix d'excellence, à l'unanimité.

Obtenir tous les deux ces prix, la même année, comme par enchantement, rien ne pouvait leur faire plus plaisir. C'est qu'ils ne veulent pas se quitter, tout le monde l'a deviné !

Inséparables, Francis souhaite qu'ils le soient enfin. Pour de bon. D'ailleurs, ensemble, ils le seront de nouveau dans le film intitulé : *Faustine et le bel été* qu'ils vont tourner à partir du 26 juillet. Oui, en ce beau jour de juin 1971, la presse relate que

Nina Companeez « scénariste de douze longs métrages — parmi lesquels *Raphaël ou le Débauché* — dont ce sera la première mise en scène, est venue trinquer avec ses deux interprètes. »

Ces interprètes que Pierre Dux attend... qu'Isabelle Adjani est venue voir discrètement au Conservatoire, puisqu'ils seront bientôt ses compagnons de tournage. Elle qui n'a jamais fréquenté aucun cours de théâtre ! Mais, dans son panier, il y a Claudel, Shakespeare et Vauthier...

Et puis, dans un coin de la salle du Conservatoire, à l'ombre des regards, celui étincelant de Robert Hossein. Cet homme qui dirige le Théâtre Populaire de Reims où il s'est exilé, c'est l'Homme du jour. Un homme étonnant. Il fait du théâtre « comme vous n'en voyez qu'au cinéma ! ».

Dans sa programmation prochaine : *Crime et châtiment, Les Bas-Fonds, La Maison de Bernarda, Roméo et Juliette*... Il lui faut dénicher des talents neufs. Ils sont là, devant lui : « des gosses magnifiques ! »

Dès le lendemain, Francis Huster et Jacques Weber se retrouveront séparément dans le bureau de l'Administrateur de la Comédie-Française pour signer leur contrat.

Weber entre le premier. Il promet à Francis de l'attendre « en bas », « tout à l'heure ».

Weber sortira par une autre porte, et ne croisera pas Francis.

C'est au tour d'Huster de se retrouver dans le bureau de Pierre Dux. Il sait que ce dernier va le désigner pour les emplois que Gérard Philipe a tenus au T.N.P. (la Comédie-Française ne s'est pas consolée de n'avoir jamais pu inscrire le grand comédien disparu dans ses distributions).

Cela enchante Huster. Dans ce bureau, il vit un rêve autour duquel flotte un parfum de tradition cossue, une sorte de cognac ou de vieil armagnac, partie intégrante du patrimoine officiel. Il savoure les paroles de l'Administrateur sur « cette Société de comédiens... Mille personnages en puissance sous la houlette de Molière... Ces serviteurs qui laisseront peut-être un nom, mais sûrement pas de souvenir. Car la Maison a une énergie, une trajectoire plus forte et plus durable... »

Les comédiens, les modes passent, mais la Comédie-Française reste. Huster le sait bien. Mais aujourd'hui il pense qu'il a, avec Weber, l'extrême honneur d'appartenir à l'un de ces maillons de l'illustre compagnie.

Weber doit l'attendre en bas.

Huster vient de signer son contrat. Il est émerveillé. Il « trinquerait » volontiers avec Pierre Dux, s'il osait !

« On trinquera ensemble, tout à l'heure, avec Jacques, à la santé de Molière, de Pierre Dux... A la santé du monde entier ! Et à la leur ! » Voilà ce que pense Francis avant de prendre congé de l'Administrateur.

Hélas, Weber ne l'a pas attendu !

Weber, il le saura plus tard, a refusé l'offre de Pierre Dux.

A cette époque, le Concours du Conservatoire ouvre les portes du Français. Ce qui est un privilège, certes, mais aussi une obligation.

Jacques Weber, le prix d'excellence, se doit de verser, en guise de dédommagement, un dédit d'un million d'anciens francs.

Weber règle sa dette. Pour rester un comédien libre. « Tant pis s'il y a des mois difficiles, affirme-t-il à l'Administrateur. »

Un sursaut de courage ? De l'insolence ? Un défi ? Quel défi ? Francis ne sait vraiment pas ce qui s'est passé, entre le moment où son ami est entré dans le bureau de Pierre Dux et celui où il en est sorti...

En réalité, le jour de l'examen du Conservatoire, Robert Hossein veut détourner l'itinéraire théâtral des deux brillants lauréats. Il leur propose la Maison de Reims.

Arrive Isabelle. Huster et Weber présentent la jeune fille à Hossein. Hossein est ébloui. Isabelle Adjani ressemble aux héroïnes de ses rêves, de son imagination. Elle a : « ce sens inné de la beauté. »

Il lui offre d'emblée sa grande scène de Reims pour qu'elle y incarne l'héroïne tragique de Lorca... Et puis, elle sera la Juliette de Shakespeare ! Et encore... Mais Isabelle est obsédée par son bac. Elle doit poursuivre ses études, avec juste une halte cet été pour *Faustine*... « Je réfléchirai » dit-elle, comme on fait une pirouette.

Bien sûr, Huster est enchanté à l'idée que Robert Hossein le voie parfaitement en Roméo d'Isabelle. Mais il préfère « envisager les choses après avoir signé avec la Comédie-Française ! »

Jacques Weber, quant à lui, a accepté « sournoisement » de rejeter l'auréole prestigieuse de la Maison de Molière pour celle de Reims. Hossein le Magicien l'a exalté par sa vision de Raskolnikov, le héros de Dostoïevski. Oui, Jacques accepte de suivre Hossein... (Et c'est en réalité le Théâtre Populaire de Reims qui versera la somme qui libère Weber du Français).

Quoi qu'il en soit, ce jour-là, Francis Huster est malheureux, horriblement déçu. Perdu. De toute façon, même s'il décide de pardonner, il sait déjà qu'il n'oubliera jamais.

Francis est resté et restera cet enfant au serment de 1962. Un serment « très sérieux » et « très important ».

Francis va connaître le désespoir d'une trahison... le jour même d'une victoire.

Ses lauriers ressemblent alors à une couronne funèbre.

LE BEL ÉTÉ

Quel bel été pour Nina et la famille d'artistes qu'elle vient de créer !

Ils en sortent tous ravis, émus, avec la sensation de s'être enrichis d'un monde nouveau. Une ambiance, une atmosphère, qu'ils n'oublieront jamais.

Des copains, des jeunes gens bien sages, dans les jardins ensoleillés et les campagnes verdoyantes. Un climat de bonheur pour un film nostalgique mais heureux.

Au premier rang des vedettes : Francis Huster et Isabelle Adjani. C'est sans doute parce qu'ils ont la « grâce » que les portes vont s'ouvrir miraculeusement devant eux. Rien ne pourra freiner leur irrésistible ascension...

Pas même l'hépatite virale qui va s'abattre sur Francis Huster dès son premier rôle au Théâtre-Français... Ni la chute de cheval d'Isabelle durant le tournage de *Faustine*.

En effet, la carrière d'Isabelle Adjani aurait pu s'arrêter ce jour-là. Le jour où, immobilisée, la production demande qu'on la remplace. Nina Companeez s'y oppose. De cette décision devait dépendre l'avenir d'Isabelle.

Un peu plus tard, on lui signale que Raymond Rouleau fait passer des auditions pour trouver une Agnès pour *L'École des femmes* qu'il prépare pour la télévision.

Il est midi. Isabelle se précipite. Elle arrive alors qu'on ferme les portes du *Théâtre de Paris*. Le hasard milite encore en sa faveur.

Elle voit Rouleau. Rouleau qui a vu *Faustine et le bel été*. Il la regarde. Il l'écoute. Il lui dit : « Il faudra travailler, mais vous êtes Agnès. »

Deux mois de répétitions interrompues par un passage à la Maison de la Culture de Reims pour jouer *la Maison de Bernarda* de Lorca... Et elle est Agnès pour le petit écran.

En quelques mois, Isabelle a fait beaucoup de chemin. Elle marche bien droite, comme la pureté. Qui est l'heureux élu ? Eh bien, c'est le Théâtre-Français. La Comédie-Française ! Comme Huster. Pardon, comme Francis. A quelques mois près. Sans audition. Sans Conservatoire. Sans essai. Fait unique dans les annales de la Maison de Molière.

Le metteur en scène Jean-Paul Roussillon a vu Isabelle Adjani dans *Faustine*, à la télé dans *L'École des femmes*. C'est une révélation ! Il a du même coup trouvé sa propre Agnès; celle de son *École des femmes* qu'il s'apprête à mettre en scène pour la Comédie-Française.

Il a enfin reconnu son ingénue au regard tendre. Une vraie jeune fille. Phénomène rare en un jour où les cours d'art dramatique regorgent de filles prometteuses et provocantes qui ressemblent toutes à l'héroïne du *Dernier Tango à Paris*...

Roussillon propose Isabelle Adjani à Pierre Dux, qui l'a, lui aussi, vue dans *Faustine* et *L'École des femmes*, version télé. Le patron du Français l'engage aussitôt comme pensionnaire.

« Avant elle, a avoué Roussillon, je me demandais si l'espèce vivait encore. »

Le 7 mai 1972, c'est la première de *L'École des femmes* sur la scène de la Comédie-Française.

Un triomphe.
« L'espèce » Adjani ne fait que naître.

Jacques Spiesser a vécu lui aussi un bel été. Le copain, le Maître de *Jacques le Fataliste* a également bien tourné. Avec des metteurs en scène prestigieux tels qu'Alain Resnais, Molinaro, Pinoteau ou Costa-Gavras...

Quant au beau ténébreux, Jacques Weber — le « traître », que Francis aime d'ailleurs toujours —, *Faustine* marque pour lui le démarrage d'une belle carrière, libre de toute contrainte, et sans trop de fins de mois difficiles. Une carrière différente de celle d'Huster, mais une carrière parallèle tout de même.

A la fin du tournage de ce *Bel Été*, tout les rapproche et les réunit irrésistiblement... Y compris l'assonance de leurs noms qui est le symbole même de leur inévitable complicité : cœur à cœur, Huster-Weber.

Parmi les femmes de ce *Bel Été*, il y a bien entendu la ravissante « Faustine », Muriel Catala, qui fera une carrière plus discrète... Et surtout, dans un des rôles secondaires, une adolescente aux joues rondes parsemées de taches de rousseur : Isabelle Huppert, dont on va vite applaudir l'éclatante réussite !

Mais pour revenir à Francis Huster, grâce à cette vocation ressentie comme une véritable passion, il va s'imposer comme le plus professionnel de nos jeunes comédiens. D'emblée, il va aider la promotion du film *Faustine et le bel été*.

« J'ai accepté immédiatement de jouer *Faustine et le bel été* déclare-t-il aux journalistes. Ce film se rapproche, toutes proportions gardées, d'un univers fermé à la Bergman. Nina Companeez réalise, à 32 ans, un film tel qu'elle souhaitait le faire depuis longtemps, avec les comédiens qu'elle voulait. Même s'ils ne font pas une "affiche" pour le public ce sera, peut-être, le premier grand film sur la jeunesse, sur notre génération. »

Le film n'a pas obtenu le succès qu'on lui espérait. Qu'importe s'il a été tourné trop tôt. Demain, tout le monde lui enviera sa fabuleuse distribution.

Derrière l'œil tendre et enfantin de Joachim se cache un comédien au cœur battant. Déterminé.

A Nina Companeez, qui voit en lui — comme beaucoup d'autres — le nouveau Gérard Philipe, le futur Jouvet, il confiera avec une véhémence passionnée : « Je ne suis et ne serai ni l'un, ni l'autre. Je veux être avant tout : le premier Huster ! Je souhaite pousser mes possibilités au maximum pour atteindre le plus haut niveau créatif auquel j'aspire; c'est-à-dire le plus haut par rapport à moi-même. Même si je dois en user ma vie à fond. Je ne me protégerai jamais. J'irai jusqu'au bout de mes forces. Pour être le premier Huster, je suis prêt à payer comme Philipe et Jouvet. »

... Philipe et Jouvet sont morts d'un cancer et d'un infarctus. Il accepte leur destin. Nina devine très bien la sincérité des propos de ce jeune exalté. Elle voit en lui un être lumineux et déchiré.

Elle craint qu'il soit souvent très seul pour suivre cette route qui doit le mener au sommet d'une carrière qu'il s'est tracée d'avance. Elle croit en lui. Elle tremble pour lui.

Huster n'ignore-t-il pas où se situent les limites de la réalité et du jeu ?

Elle va le protéger à sa façon. En étant, simplement, là. Elle le lui écrit :

... Je veux pour toi autant que ce que tu veux toi-même. Je veux le plus ! Je ne me satisferai pas pour toi de films ou de pièces médiocres ou même moyens — comme toi-même. Je pense qu'il ne doit t'arriver que des choses de grande qualité.

C'est pour ça que je t'écris. Pour te dire que je suis toujours là pour te répondre si tu as un doute sur ce que tu dois faire, pour te dire ce que je pense, simplement.

Si tu te sens seul devant une décision...

Dis-toi que tu m'as aussi et que je ne répondrai pas à la légère aux problèmes qui se posent à toi.

Tu peux me téléphoner comme ça, pour me parler de ce qui te préoccupe, quand tu en as envie. Je serai contente.

Je t'embrasse tendrement.
NINA

PARC FILM
MAG BODARD
7, RUE DES DAMES AUGUSTINES
92-NEUILLY 624-68-05

je veux pour toi
autant que ce que tu veux toi-même. Je veux le plus ! Je ne me satisferai pas pour toi de films ou de pièces médiocres ou même moyens — comme toi-même — Je pense qu'il ne doit t'arriver que des choses de grande qualité.

C'est pour ça que je t'écris pour te dire que je suis toujours là pour te répondre si tu as un doute sur ce que tu dois faire, pour te dire ce que je pense, simplement. Si tu te sens seul devant une

décision ...

Dis-toi que tu m'as aussi et que je ne répondrai pas à la légère aux problèmes qui se posent à toi.

Tu peux me téléphoner comme ça, pour me parler de ce qui te préoccupe, quand tu en as envie. Je serai contente.

Je t'embrasse tendrement

Nina

S. A. AU CAPITAL DE 300.000 F R. C. SEINE 60 B 3804 - ADRESSE TÉLÉGRAPHIQUE : CINÉMAG-92-NEUILLY

JACQUES CHARON, MOLIÈRE ET FRANCIS HUSTER...

Philipe, Jouvet, Charon...

« Un comédien n'a pas de vieux jours : il a une crise cardiaque, des regrets ou des illusions. Sa vraie mort, celle qui lui est due, c'est la crise cardiaque en scène. Une bonne façon de ne pas s'en aller inaperçu. Une bonne façon de ne pas mourir seul. La mort de Molière, quoi. Le patron a fait une bonne sortie... »

Ainsi s'exprime Jacques Charon dans son livre de mémoires *Moi, un comédien*, publié en janvier 1975.

Ce n'est qu'au dernier chapitre qu'il explique comment il imagine sa « sortie ». En scène, comme Molière.

Cher Jacques Charon ! J'ai souri en lisant ces lignes... Lui qui avait horreur d'évoquer certains sujets comme la vieillesse, la maladie, la mort !

Un jour cependant, il m'avait précisé que Molière, pris d'un grave malaise lors d'une représentation du *Malade Imaginaire,* était mort, chez lui, peu après. « Mais la tradition des

Comédiens, me précisa-t-il, veut qu'il soit mort en scène. C'est plus beau. »

Lui, il préférait la vie. Tout simple, tout calme, tout souriant, le Doyen de la Comédie-Française pouvait en parler des heures durant. Heureux, je le croyais. A son appétit, à sa façon de lever le coude, à son embonpoint, rien en lui ne permettait d'évoquer le drame.

Il aimait à dire : « C'est à Raimu que je dois mes rondeurs ! » C'était au temps où Raimu jouait *Le Malade Imaginaire* et Charon le rôle d'un étudiant benêt, plutôt maigre. Le grand comédien l'emmenait dans une pâtisserie voisine où ils s'empiffraient de gâteaux. Il lui disait : « Mon pctit, il faut que ton ventre prenne de la Majesté ! » Et Charon en a pris. Il en jouait. Il en abusait même dans sa fringale de vivre.

Aussi, lorsque j'appris que Jacques Charon avait été foudroyé par une crise cardiaque, le mercredi 15 octobre 1975, chez lui, 34, rue de Montpensier, à 55 ans, j'ai cru qu'il s'agissait d'un canular de mauvais goût.

Comme tout son entourage, je savais qu'il en faisait trop. Seize heures par jour, onze mois sur douze, il travaillait, mettait en scène, jouait, accumulait les projets. Partout il mettait les bouchées doubles, triples, pour souper tranquillement et joyeusement de 1 heure à 3 heures du matin, puis rentrer en riant pour se relever à 8 et lire des manuscrits. Mais la mort ne lui rcssemblait pas.

Une nuit, alors qu'il m'avait invité à souper au « Sept » de la rue Sainte-Anne, tout à côté du « Théâtre-Français », je lui demandai ce que cette activité débordante et cette boulimie pouvaient bien cacher. Il me répondit avec un œil rond d'une étonnante candeur : « Mais, je suis gourmand de la vie et du théâtre ! Et comme je travaille comme dix, il faut bien que je mange comme quatre. En outre, je suis dans une forme magnifique ! Alors ! »

Alors, le soir du 14 octobre 75, en s'habillant dans sa loge, il avale un demi-verre de whisky, comme toujours, pour « vaincre son trac ». Il laisse sa gorge se serrer à bloc jusqu'à son entrée en scène. Son dernier soir.

Un soir apparemment comme les autres. Il joue, au « Théâtre Marigny », *La poudre aux yeux*, l'une des pièces du spectacle Labiche que le Doyen a mise en scène pour la Comédie-Française. Après les applaudissements et les rappels, Jacques Charon passe dans la salle pour voir comment le public réagit à la deuxième partie : *Le plus heureux des trois*.

A minuit, il pousse la porte du foyer où les comédiens se retrouvent et prennent leur courrier : « A demain, je vais rentrer tranquillement à pied » dit-il à son partenaire, Michel Etcheverry.

Oui, un soir comme un autre. Excepté qu'il décide de ne pas aller souper, comme il adore le faire.

Il gravit les quatre étages sans ascenseur du 34, rue de Montpensier. Il se prépare des œufs brouillés. Il regagne sa chambre tendue de velours rouge, qui donne sur les jardins du Palais-Royal. Au pied du lit, son chien dalmatien, Scapin, dort déjà. Scapin est un dormeur. Pas noctambule pour deux ronds, contrairement à son maître.

C'est dans ce lit qu'un des familiers de Jacques Charon le retrouvera, les yeux mi-clos, couché légèrement sur le côté. Les draps ont été repoussés, comme si le comédien avait essayé de se lever. A la tête du lit : un manuscrit que Charon a lâché avant de s'endormir pour toujours. Vraiment comme Molière.

C'est dans le quartier du Palais-Royal, « ce village », comme il l'appelait — parce qu'il y avait passé toute sa vie — que Jacques Charon et moi avons fait connaissance. Dans les jardins, plus précisément. Par l'intermédiaire de nos deux chiens. Son jeune dalmatien avait sympathisé avec mon jeune lévrier.

Cet homme qui est pourtant très occupé ne me parle que de vacances. De celles qu'il passe à Cannes où il a un petit appartement. Ça tombe bien, j'y ai passé les dernières vacances. Ma cousine y a un grand appartement. Il connaît Christiane ! Antiquaire et belle, rousse comme Rita Hayworth jadis ! Jacques Charon adore les beaux meubles. Il adore aussi ces promenades en bateau qui le mènent, avec ses amis, sur les îles.

On s'échange les adresses des meilleurs restaurants de la côte... Notre conversation « fait chaud » en cet automne froid de 1971. On s'est quittés par un « au revoir », comme tous les au revoir. Nos chiens, eux, ne voulaient plus se quitter.

Au mois de décembre de cette même année, je revois Jacques Charon sous les arcades du Palais-Royal. Rien de surprenant, puisque nous habitions le même village. Cependant, nous n'avions pas nos chiens. En bon villageois, il me proposa de venir boire une tasse de café chez lui...

Chez lui, nous avons retrouvé Scapin qui se mit à rechercher sur mes vêtements l'odeur de son copain. « Scapin, c'est mon ami. Le théâtre c'est ma vie » m'avoua Charon, sans que je lui aie rien demandé. Il me dit encore que Scapin restait rarement seul. Sa secrétaire Janine, qui s'occupait de son courrier, était exceptionnellement absente. Sans quoi, elle en avait la garde.

C'est madame Martini, propriétaire des Bouffes-Parisiens (dont il est également directeur artistique) qui lui a offert Scapin. « Un jour, elle a téléphoné à ma secrétaire pour demander "si elle pouvait voir Monsieur Charon à l'entracte." Elle avait entendu dire — par Dieu sait qui? — que j'aimerais avoir un dalmatien. Et elle est arrivée, tenant elle-même un petit panier dans lequel il y avait le chiot. Je l'ai baptisé Scapin. Robert Hirsch en est le parrain. Il est beau, non ? » J'ai répondu : « Très beau. »

J'en avais, je l'avoue, un peu marre, d'être devant l'un des plus illustres comédiens français et de n'entendre parler que vacances et toutous.

C'est moi qui l'ai « branché » sur le métier en lui demandant ce qu'il faisait actuellement. Il répète *Volpone*. J'apprends que ce n'est pas une simple reprise, mais une véritable création puisque c'est au répertoire de la Comédie-Française que la célèbre pièce de Jules Romains fait sa rentrée. La Comédie-Française, c'est *La Maison de Mon Cœur*, me dit-il encore.

Il aime Volpone. Ce vieux renard levantin richissime, qui a élu domicile dans un palais vénitien où il vit sur son tas d'or, entouré de faux amis qui louchent vers sa succession...

J'apprends ce jour-là que, contrairement à ce que disent les journaux, il n'est pas devenu gras pour être meilleur en scène. Il préférerait être, comme il se revoit encore, à la sortie du Conservatoire... il y a longtemps. Ce jeune homme mince, élancé, au teint brun, à l'œil vif, comme le prouve la photo qu'il me tend. Je suis ému. Oui, Jacques Charon souffre d'être trop gros. Il n'aime pas son visage et ses joues trop rondes... Bon, il ne veut pas m'attendrir plus longtemps sur son sort. Il fait une pirouette. Il sait qu'il est la mascotte de la Comédie-Française. Et n'a-t-il pas décidé, une bonne fois pour toutes, d'être heureux ?

Donc, il me reparle de la pièce la plus achevée, la plus parfaite de Jules Romains. De la mise en scène de Gérard Vergez. Des costumes et des décors du décorateur préféré de Maurice Béjart, Germinal Cassado. Lequel a également écrit une chorégraphie sur une musique de Vladimir Cosma. Il me dit quelques mots sur les comédiens et, notamment, sur la dernière recrue du Français : Francis Huster, dans le rôle de Mosca (la mouche).

Savourant la beauté, il le décrit : « Beau comme un Dieu ! Fier, ambigu, un peu fou... Tous les signes extérieurs de Caligula. De la race des vainqueurs. Doté d'une énergie farouche... » Jacques Charon est tombé sous le charme de ce comédien que je ne connais pas... Mais dont je sais qu'on parle beaucoup ces temps-ci.

Un soir de janvier 1972, Jacques Charon m'invite à venir voir *Volpone* à l'Odéon. Je ne sais pas si j'ai vraiment aimé. J'ai été subjugué. Subjugué par Volpone et Mosca, son âme damnée.

Dans sa loge, Jacques Charon me présente Francis Huster. Je ne reconnais pas Mosca. Je suis d'abord déçu. Mais je vais trouver mieux. Un homme, jeune et généreux. On deviendra très vite amis. Francis va me dire : « Je sais quels seront mes amis dans les cinq minutes qui suivent la première entrevue. » Oui, je crois bien que cinq minutes plus tard nous devions être amis. Je crois aussi que nous avons faussé compagnie à Jacques Charon, qui ne nous en a pas tenu rigueur.

Ce soir-là, Francis et moi avons soupé dans un drugstore voisin de l'Odéon. Il me parle de *Faustine et le bel été* dont on voit les affiches fleurir depuis peu sur les murs de la capitale.

Huster est fougueux. Il ne veut rien savoir sur moi, mais il veut que je connaisse tout de lui. (J'ai appris, plus tard, que c'était un don. Sa générosité à lui.) Il donne d'abord.

Il s'étend sur sa jeune carrière. Le fait d'avoir été dirigé par Companeez l'enchante, jouer chaque soir avec Charon l'exalte. Il est charmant Huster, avec son air d'enfant modeste, quand il me dit : « Tu te rends compte, quelle chance ! Quel enrichissement ! » Il parle de richesses qui n'ont rien à voir avec le compte en banque... Car, ce n'est un secret pour personne, un pensionnaire de la Comédie-Française ne gagne que 1 420 francs par mois.

Mais il me parle de cette Comédie-Française comme s'il s'agissait d'une équipe de football, version artistique. « Je voudrais bien savoir qui refuserait d'entrer à la Comédie-Française ? » claironne-t-il. (Si j'avais su... J'aurais répondu : « Weber »).

Dans sa loge, à l'Odéon, il a dessiné, et épinglé aux murs, les symboles de ceux dont il rêve : une tulipe pour Fantasio, un couteau pour Lorenzaccio, une bouteille pour Octave, une reine Mab chevauchant une dague pour Mercutio, l'ami de Roméo...

Il a aussi dressé des colonnes de papiers sur lesquelles il écrit le nom des personnes pour qui il joue chaque soir. Une suite de prénoms dont le premier est Jacques, suivi de Nina...

Francis m'amuse. Il se fond un peu parmi les étudiants de Saint-Germain, dont il a le regard myope et intellectuel. Avec quelque chose en plus. Je pense à lui, alors qu'il me parle et il croit que je lui échappe... Il me montre un petit mot signé : Jules Romains. « A Francis, dont le nom deviendra célèbre » daté du 19 janvier 1972. « Tu te rends compte ? » s'exclame-t-il.

Je me rends compte que rien de ce que fera Francis ne sera gommé par le silence. Car la pièce est en fait mal reçue par la critique. Elle est féroce pour *Volpone*. On dit cependant que Francis Huster est merveilleux !

La seule excellente critique, c'est Jules Romains lui-même qui l'a faite, la veille du « petit mot à Francis » et deux jours avant la « première », dans le journal *L'Aurore* du 19 janvier 1972. Il titrait :

TOUT EST DIFFÉRENT MAIS TOUT EST EXCELLENT

« Créé en 1928 à l'Atelier de Charles Dullin, *Volpone* a connu immédiatement un immense succès. Il a été par la suite une des bouées de sauvetage de Dullin. Chaque fois qu'une pièce ne marchait pas, il reprenait *Volpone*. (Il en a d'ailleurs été de même pour Jouvet avec *Knock*.) J'ai donc eu l'occasion de voir *Volpone* des quantités de fois, dans la mise en scène de Dullin et les décors de Barsacq, avec la musique de Georges Auric, et avec l'interprétation de Dullin dans le rôle principal.

Lorsque Pierre Dux m'a proposé d'inscrire *Volpone* au répertoire de la Comédie-Française, et d'en donner d'abord une série de représentations à l'Odéon, j'avais l'intention de suivre de tout près le travail du metteur en scène et d'assister à presque toutes les répétitions, comme je le faisais autrefois. Mon état de santé m'en a empêché. Et j'ai dû me contenter d'écouter les rapports périodiques de Pierre Dux et du metteur en scène Gérard Vergez, et de me faire montrer les maquettes des décors et des costumes de Cassado. Je dois avouer que j'étais un peu épouvanté. Je me suis dit plusieurs fois : "Tu ne reconnaîtras pas ta pièce."

C'est donc le cœur battant que j'ai, pour la première fois, assisté ces jours-ci à une répétition. Et j'ai tout de suite été émerveillé. Tout est différent de ce qu'avait fait Dullin. Mais tout est excellent. Et ma pièce reste elle-même. (C'est, vous l'avouerez, ce qui est le plus important pour un auteur.) Le texte a été scrupuleusement respecté. Il est servi par une interprétation de tout premier ordre, jusque dans les rôles les plus modestes; avec, pour mener le jeu, le magnifique comédien chevronné qu'est Jacques Charon, et le tout jeune débutant, étonnant d'autorité, qu'est Francis Huster. La mise en scène, les décors, la musique, les intermèdes dansés, tout aurait dû me déconcerter. Car, n'allant plus guère au théâtre, j'ai mal suivi les tendances nouvelles qui se sont manifestées dans ce domaine depuis quelques années. Au contraire, tout m'a ravi. »

Jules Romains
de l'Académie française.

Moi, je pense que Francis Huster s'en sortira toujours. Je le dis à Jacques Charon, quelques jours plus tard. Lui, il affirme : « C'est une star ! » et il ajoute avec un rien de malice dans le regard, en prenant bien soin que j'y prête attention : « Comme moi. »

Mais il me fait remarquer que lui, lorsqu'il est dans un train, un avion et qu'il s'ennuie, il repense aux trente-trois pièces de Molière. « Je suis une star chez Molière, Francis voudra être une star partout... Et c'est incompatible. »

Je lui fais alors remarquer qu'il m'a toujours présenté la Comédie-Française comme le théâtre le plus libre de France : « On y joue des beaux textes tous les soirs et on obtient un congé quand on veut. »

« Oui, mais... m'explique-t-il, Huster sera de cette race pour qui la raison du succès au Boulevard, au cinéma ou à la télé, est la meilleure. » Contrairement à lui, qui, depuis 1941, n'a cessé de « prendre l'air », en montant des pièces pour les théâtres privés, en jouant pour la télévision, il est vrai. Mais, s'il est une chose qu'il ne sacrifierait jamais, c'est bien la Maison de Molière, la seule qu'il connaisse vraiment. Contrairement à Annie Girardot, Paul Meurisse ou l'ambitieuse Jeanne Moreau qui a déclaré : « Je quitte sans regret ce bâton de Maréchal qui prend trop souvent l'allure d'un bâton de vieillesse. » Il me parle d'Edwige Feuillère qui quitta la Maison au bout de deux ans, tant elle y étouffait ! Et puis de Pierre Fresnay, qui en est parti avec fracas ! « Tiens, me dit Jacques Charon, Huster, c'est Fresnay. Vif, turbulent, ambitieux. » Il compare aussi Huster à Jean Desailly : renvoyé pour indiscipline. Et la discipline faisant la force de la Comédie-Française...

« Mais pour certains, me dit encore le Doyen, la Maison est un tournant qui souvent permet de démarrer en pleine piste de la gloire. »

La grande différence entre Charon et Huster, c'est que le premier est « bien marié avec la Comédie-Française » et que l'autre vit une passion.

Ainsi, durant des années, Jacques Charon allait surveiller, sans en avoir l'air, le jeune comédien qu'il protégera souvent, lors des Comités de fin d'année...

En février 1975, je parle à Francis du livre de Jacques Charon *Moi, un comédien*. Livre qui a vu le jour grâce à sa voisine, la journaliste Fanny Deschamps, qui a eu l'idée de lui faire raconter ses souvenirs au magnétophone.

« A quand tes mémoires, ceux d'un enfant terrible de la Comédie-Française ? » dis-je à Francis, en riant...

« Bof, fit-il, avec un clin d'œil, quand je serai Administrateur du Français... Quand on aura écrit dix livres sur moi... Ensuite, je pourrai mourir tranquillement d'un infarctus. »

Les obsèques de Jacques Charon ont été célébrées le lundi 20 octobre à 10 h 30, cette année-là, en l'église Saint-Germain-l'Auxerrois, paroisse à laquelle il appartenait.

C'est dans cette église que Molière épousa Armande Béjart en 1662.

Au petit cimetière de Montmartre, la Comédie-Française est en deuil. Elle rend un dernier hommage au comédien le plus connu et le plus aimé de la Maison.

Francis Huster, celui qui deviendra cet enfant terrible auquel rien ne résiste. Cet enfant séduisant qui fera rêver les jeunes filles en les amenant à lui, dans la Maison de Molière. Celui qui deviendra un prince charmant autour duquel un mythe va se créer. Ce jour-là, mêlé à la foule, il éclate en sanglots. Il pleure celui qui restera « un enfant pour l'éternité. »

C'est ce titre que mon confrère Patrick de Rosbo a choisi pour rendre, dans *Le Quotidien de Paris* un bel et dernier hommage à Jacques Charon.

« Il est impossible de parler de lui à l'imparfait, tant son naturel est indestructible. Ce regard un peu sorcier qui ride toute sa malice sous le turban de Monsieur Jourdain, qui tempête sous le bonnet de nuit d'un Argan victime de la désertion de Toinette, comment l'imaginerions-nous jamais absent, éteint, arrêté dans sa course ? Le sang qui bat dans ses veines s'appelle la verve, et ses plumes qui volent dans l'air du théâtre ne nous initient que mieux à sa vérité.

Nous nous espérions sécurisés par ce bon sens orienté vers le concret, par les vertus domestiques de ce bourgeois honnête, un instant saisi par les démons de la fantaisie. Il nous faut déchanter. Les pieds solidement posés sur la terre, Jacques

Charon fait aussi de la poésie son privilège. Son aisance, jamais, n'est prise en défaut. Son immense naïveté est un torrent qui nous donne ses rêves en pâture et nous prend à témoin des magies successives qui s'incarnent tout aussitôt dans le champ de sa lumière. Ses gourmandises, ses colères, ses maladresses devant les belles manières de ces marquis qu'il a l'imprudence d'envier, ou encore la sévérité sainte de ces charlatans à bonnets d'apothicaires qui lui en imposent : ce sont ces grands ébahissements-là qui sont inimitables et nous rendent pour jamais son visage d'enfant hardi et émerveillé. Acrobate de sa propre vérité, personne, sans doute, n'a été plus loin que lui dans la simplicité et dans le cocasse, dans les passions domestiques et dans l'exubérance farfelue qui se trouve toujours, peu ou prou, sous ces mêmes passions. Nous savons bien que ce poupon joufflu empêtré dans ses flanelles trop chaudes, dans ses habits trop dorés, ne vieillira jamais et qu'il continuera pour nous de faire étinceler la scène mieux que personne de toutes les fantasmagories de ses dons d'acrobate. Français, comme peut l'être Prudhomme ou encore le bonhomme Chardin qui nous sourit toujours de son cadre, les yeux rougis de larmes; embarrassé dans ses mensonges, si l'on en croit du moins ce brave médecin de *la Poudre aux yeux*, manigancé par sa femme et que la bonne chère finira tout de même par réconcilier avec lui-même : Jacques Charon nous ressemble, et ne cessera jamais de nous parler de très près, puisqu'il sait à la fois nous dire qui nous sommes, sans pour autant fermer devant nous les portes du songe. »

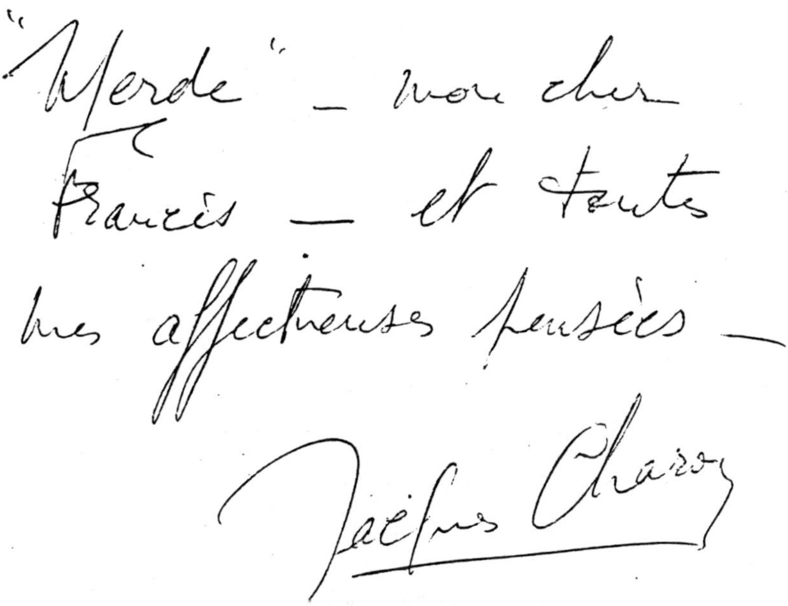
"Merde" — mon cher Francis — et toutes mes affectueuses pensées — Jacques Charon

C'est le genre de « petit mot » que glissera — toujours — Jacques Charon sous la porte de la loge de Francis Huster, avant un soir de générale sur la scène du Français.

à Francis Huster,

dont le nom deviendra

célèbre

Jules Romains

19 Janvier 1972

LA TRAHISON DE ROBERT HOSSEIN

En mai 1972, je me rends à la Comédie-Française pour y voir *La Station Champbaudet*, une comédie de Labiche et Marc-Michel. Jean-Laurent Cochet en a signé la mise en scène. La musique est d'un jeune compositeur qui s'est fait un nom dans la « variété » : Guy Bontempelli.

Je ne suis pas un fervent de Labiche, mais Jacques Charon m'a incité à assister à ce spectacle. Du vaudeville, il est vrai, il a la réputation d'être le maître. Il m'a longuement entretenu de « cet exercice de perfection irrésistible », de ces « mécaniques vaudevillesques » dont on peut tirer un maximum de leçons, « à condition de ne jamais malmener leurs vieux engrenages ». Or, d'après Charon, Jean-Laurent Cochet s'en est tiré à la perfection.

Jacques Charon ne faisant pas partie du spectacle, il lui est aisé de m'accompagner.

Sur scène, il y a Georges Chamarat, Jacques Eysser, Paule

Noëlle, Yvonne Gaudeau, Michel Duchaussoy et... Francis Huster.

Charon ne me dira pas un mot durant toute la représentation. Il ne m'explique plus rien de ces fameux « mécanismes ». Il me laisse voir.

Je vois quelques pirouettes, quelques confidences, légèreté, mouvement, une espèce de gravité bouffonne, cruelle. Je ris. Même si derrière ce rire, existe sans nul doute une réflexion des plus sérieuses. Mais je suis tout bonnement et tout simplement aux anges !

Parce que Charon m'avait « préparé » ? Je ne sais pas. Je crois qu'il a seulement excité mon esprit à cette fête, ce tourbillon où toute une troupe est gagnée par la bonne humeur. Voilà. Et je n'ai pas honte d'avoir ri.

Je ne me souviens plus pourquoi, après *La Station Champbaudet*, je ne suis pas allé féliciter Francis Huster. J'aurais aimé lui dire que je l'avais trouvé savoureux, élégant et désinvolte à souhait dans le rôle de Paul Tacarel... Ma soirée, je pense, devait être réservée à Jacques Charon.

Et puis, les critiques se sont chargés de complimenter Francis Huster. Mathieu Galey écrit dans *Combat* : « Francis Huster a le charme du jeune premier, sans la mièvrerie de l'emploi. » Paul Chambrillon, dans *Valeurs Actuelles* : « Francis Huster est tout à fait admirable. » Bertrand Poirot-Delpech, toujours fidèle au comédien, confirme dans *Le Monde*, sa « fraîcheur ».

Décidément, cet Huster, comment fait-il pour, toujours, quoi qu'il fasse, faire parler de lui, alors que je sens bien qu'il s'ennuie un peu, en cette année 1972, à la Comédie-Française ? Bien sûr, il n'arrête pas de jouer ! Charon vient de lui confier le rôle du Poète-Marquis dans *Cyrano de Bergerac* où on le trouve encore « excellent », « remarquable », etc. Mais je me dis qu'Huster doit se demander : « A quand Fantasio, Lorenzaccio, Octave, Roméo ?... »

C'est précisément Roméo qui donne à Francis des rêves d'évasion, en ce mois de septembre 1972.

Le 20, il demande son premier congé. Il est convoqué par Robert Hossein pour une audition de *Roméo et Juliette* avec Isabelle Adjani !

La réaction de Francis, je la présume : un « Ouaaahh ! ». Si je l'avais rencontré, à cette époque, il m'aurait sans doute dit : « Roméo ! Tu te rends compte ? »

Je me serais rendu compte qu'après Huster et Adjani, personne n'aurait supporté la comparaison.

Sacré Huster ! Il va rejoindre une fois de plus la sacrée Adjani. Un sacré couple en tout cas ! Deux anges ? Deux démons ?...

Le couple est attendrissant. C'est Francis et Isabelle qui sont devant Hossein. Et non pas Huster et Adjani.

Le patron du « Théâtre Populaire de Reims » pose sur eux un regard plein de candeur. Un regard que les intimes de Robert Hossein connaissent bien. Avec *Roméo et Juliette*, il tente une véritable gageure : employer des acteurs qui ont l'âge des personnages. L'histoire de Roméo et Juliette, c'est celle d'un couple animé par la passion. Une passion qui guide le cœur. C'est l'histoire d'une fièvre.

De cet amour fou, Isabelle et Francis ont le regard. Hossein a devant lui deux êtres à la chair frémissante, deux immenses acteurs. Elle est Juliette, il est Roméo.

Mais il y a chez Robert Hossein un malaise...

Ils jouent devant lui la scène du balcon. Hossein est ébloui. Il est bouleversé... Mais ce petit malaise persiste. Au fond de lui : une déchirure.

Robert Hossein vient de donner son premier rôle important à Isabelle, au théâtre, à Reims. Malgré ses études, elle a finalement cédé et, divinement, elle a joué l'héroïne de *La Maison de Bernarda*. Il l'a vue apprendre, composer, inventer, s'inventer... Émouvoir, s'émouvoir!

Même cette grande dame du Français qu'est Annie Ducaux, en congé pour jouer la pièce de Lorca, a été impressionnée par le talent d'Isabelle Adjani !

Exigeant, Robert Hossein l'est comme personne. Pourtant, devant Isabelle il est attendri, mais il s'efforce de ne pas céder à son sentiment. Alors, parfois, il est irrité, intransigeant même, devant cet être apparemment fragile, entier, fier, susceptible, à fleur de peau.

A propos d'Isabelle, Robert Hossein écrit dans son livre *La Sentinelle aveugle* que publie Grasset en 1978 : « Je pensais qu'elle tenait tout du Diable. Tout ce qu'elle possédait venait du Diable. On me disait : "Mais non, elle est angélique." Mais je pensais que ses pouvoirs étaient diaboliques. Je ne le laissais pas paraître parce qu'elle l'aurait probablement mal pris. Ou trop bien. »

Cela se passe de tout commentaire. Je pense seulement qu'il n'y a aucun secret, aucun mystère sur ce qui différencie les comédiens qui « arrivent » de ceux qui n'arrivent jamais. Les premiers ont été visités par une aptitude innée, inexplicable, mais qui transpire de partout. Ils touchent l'essentiel, d'instinct. Les seconds auront beau apprendre, « leur talent » demeurera toujours au niveau de « l'exercice ».

Pour en revenir à l'audition : Hossein est captivé. Oui, les deux jeunes gens sont *Roméo et Juliette* ! En outre, il sait très bien qu'Isabelle ne restera dans son théâtre que s'il lui confie le rôle de Juliette — c'est même une condition sine qua non — et que Francis ne jouera Roméo qu'en face d'Isabelle.

Alors, qu'est-ce qui incommode Robert Hossein ? Une parole. Sa parole. Une promesse...

Hossein avouera plus tard : « N'importe quel homme de théâtre aimant suffisamment son métier aurait, dans ce cas précis, avalé sa promesse... Tout conspirait pour faire de ce couple Roméo et Juliette. Je ne regrette rien. Mais je ne l'ai pas fait. Je ne suis pas fier de ne pas l'avoir fait. »

Oui, ce grand professionnel est aussi un homme. Et cet homme a donné sa parole à Pascale Rivaud. Une comédienne. Une femme...

Pascale Rivaud jouera Juliette. Huster ne sera pas Roméo. Pour le spectacle de Robert Hossein, la presse — selon lui — sera indulgente...

Comme pour lui pardonner d'avoir manqué son rendez-vous avec deux grands acteurs.

Mais, le metteur en scène Roussillon est en train de rechercher son « Agnès ». Isabelle ne sait pas encore qu'elle va bientôt rejoindre Francis dans *l'Autre Maison*... Cette Maison que Francis trouve « malade de la grève » qui s'abat sur elle...

En effet, des grèves tournantes du personnel technique paralysent l'activité de la Comédie-Française...

Lui-même est malade. Il ne comprend pas l'attitude de Robert Hossein... Il ressent en lui comme une trahison... Il est convaincu que le metteur en scène, le directeur du T.P.R., n'avait pas le droit d'hésiter... Bien sûr, il va jouer sur la scène du Français le rôle de Cléonte du *Bourgeois Gentilhomme* ! Et sous la direction de Jean-Louis Barrault ! Et aux côtés de Jacques Charon en Monsieur Jourdain !...

... Mais Cléonte amoureux de Lucile — « avec tout le respect pour Molière » —, ce n'est pas Roméo amoureux de Juliette !

~~JEAN-LAURENT COCHET~~ MERDE

Tu as été exemplaire et
délicieux dans le travail,
et tu vas être tout à fait
charmant - séduisant, poétique,

malicieux, cocasse, juste
et touchant - Tu fais une très
jolie interprétation - Tu es
le Tacarel que je souhaitais.

De tout coeur —

"Allons, chaud, chaud !..."

Le « mot doux » du metteur en scène de *La Station Champbaudet* qui fait chaud au cœur de Francis.

COMÉDIE-FRANÇAISE

Congé demandé par M Francis Huster

Du 1er Mars au 16 Avril 1972

PARIS, LE 20 Sept- 1972

Signature, [signature]

Observations : Pour jouer Roméo dans "Roméo et Juliette" à Reims chez Robert Hossein

734 - 12/66 - 1.000

Un souvenir… Une petite douleur…

3 Juin 72

Jean-Louis Barrault

Cher Francis

Merci pour ta bonne lettre. arrange-toi bien avec Catherine Salviat, Pralon et Pradal et nous allons placer tout ton rôle dans la période du 12 au 23 Juin.

Je me réjouis de travailler avec toi -

Affectueusement

JLBarrault

Mon téléphone privé est 965.30.88. à lundi, ne serait-ce que pour parler de l'esprit général du spectacle -

Jean-Louis Barrault n'a pas oublié *La nuit des assassins*.

DU CIRQUE AU CONTE GALANT

Les spectateurs qui se présentent à la Comédie-Française, ce soir du 9 novembre 1972, ont trouvé portes closes. C'est la grève.

La ruche qui symbolise la Maison est pourtant débordante d'activité et de succès depuis l'arrivée de Dux au printemps 70. Mais les abeilles semblent ne plus s'entendre. La Reine a rompu les ponts avec les ouvrières.

Oui, cette surprenante décision est tombée sèchement. Une déclaration de Monsieur Jacques Duhamel, en accord avec Pierre Dux, devant l'Assemblée Nationale. Motif : « Les grèves tournantes du personnel technique, qui, depuis le 13 octobre, paralysent l'activité du théâtre. »

L'Administrateur de la Comédie-Française annonce que les représentations ne reprendront qu'après la conclusion des nouvelles conventions collectives qui font l'objet de négociations. Pour ne pas rompre leur « contrat » avec les spectateurs, les comédiens français ont décidé de déménager dès décembre, pour se produire aux Tuileries, sous le chapiteau de Jean Richard.

Huster répète donc *Le Bourgeois Gentilhomme*, l'après-midi, sur la scène de la Salle Richelieu fermée au public. Il ne voit pas très bien comment va se régler le conflit qui oppose l'administrateur au personnel de la Comédie-Française. Pierre Dux a apparemment l'air d'un châtelain accablé par une révolte paysanne.

L'institution la plus saine de France rejoindrait-elle les vaisseaux fantômes que sont devenus depuis longtemps l'Opéra et l'Opéra-Comique ? Francis ne le croit pas. Il dit : « Dux fera face à l'événement. » Et il a raison.

En fait, le succès s'est retourné contre Pierre Dux. Le personnel affirme n'avoir pas « vu » la couleur de ce succès. Les Sociétaires, eux, se partageraient une partie de la recette, selon un calcul complexe. Les pensionnaires ne gagnent pas plus que les techniciens... Mais ces derniers travaillent à la préparation du Tricentenaire de leur grand patron : Molière.

C'est le moment qu'on a aussi choisi pour s'apercevoir que les horaires des gens du plateau ne sont pas adaptés à ceux des comédiens.

Tout cela est très confus. Courteline n'y retrouverait pas ses ronds-de-cuir...

On sait seulement que cette vieille dame qu'est la Comédie-Française a de chères habitudes. Mauvaises au demeurant : celles qui découlent des fameuses conventions collectives qui régissent la Maison depuis sa création. Bien sûr, au fil des années, celles-ci ont été modifiées. Trop peu semble-t-il... La convention collective de 1962 reproduit celle de 1953 qui reproduisait déjà celle de 1938, laquelle légalisait celle en vigueur au temps de Sarah Bernhardt...

La conséquence, c'est que personne ne travaille en même temps. Le personnel du plateau est sur le tas de 8 heures à midi, de 14 heures à 18 heures et de 20 heures à 24 heures. Autrement dit, ce même personnel s'en va déjeuner au moment où les comédiens arrivent pour répéter. Lesquels sont chassés de la scène à 16 h 30 parce qu'il faut que les machinistes qui, rentrant au bercail à 18 heures, plantent le décor dans la soirée. Les comédiens n'ont plus alors qu'à poursuivre leurs répétitions dans les couloirs ou au foyer...

Il y a encore plus ahurissant ! Toujours selon cette fameuse charte de travail qu'on appelle convention collective, les techniciens se répartissent par brigades distinctes. Il y a les machinistes, les accessoiristes, les tapissiers, les électriciens, etc. lesquels ont un travail et un matériel parfaitement définis. Inévitablement, on arrive à des situations du plus haut comique.

Le gong, par exemple, appartient aux tapissiers. Le maillet pour frapper ce dernier dépend, quant à lui, de l'autorité des accessoiristes. Si bien que pour un seul coup de gong, deux hommes — un tapissier et un accessoiriste — doivent être mobilisés. Que l'un des deux manque, le gong reste muet.

Même chose pour les bancs d'un décor. Ceux peints « façon pierre » sont aux machinistes. Ceux « façon bois » sont en revanche aux tapissiers ! Mais si l'un de ces bancs se trouve — par un hasard quelconque — au milieu de la scène... alors, il n'appartient plus à personne. Qu'il soit de bois ou de pierre !

On croit doublement rêver lorsqu'on vous en donne l'explication. Outre les différenciations déjà évoquées, le personnel technique est divisé en deux. Il y a les éléments qui travaillent « côté cour » et ceux qui œuvrent « côté jardin »... Il suffit donc qu'un élément du décor se trouve au centre de la scène pour que personne ne veuille plus en entendre parler.

Ce n'est pas tout. Les techniciens — toujours selon les conventions collectives — ne peuvent travailler qu'en équipe bloquée. Celle du soir, par exemple, est de dix-sept hommes. Or, si pour une pièce à l'affiche, le décor est très simple et n'exige la présence que de deux personnes... les autres restent chez eux et sont payés, bien évidemment.

Mais si par hasard, sur les dix-sept, il y en a deux qui tombent malades — à force de regarder la télé par exemple —, deux remplaçants sont alors convoqués et payés en heures supplémentaires au nom du principe de « l'équipe bloquée ».

Oui, cette situation est incroyable. Aussi, Pierre Dux demande-t-il que ces ridicules conventions soient réformées. Mais les syndicats s'y opposent...

Les négociations vont se dérouler au théâtre. Les comédiens

jouent, à cent mètres de là, *Le Bourgeois Gentilhomme* sous le chapiteau...

Il faut dire qu'en cette période de « cirque », Francis Huster vit un grand bonheur. Nina Companeez est décidément sa bonne fée. Elle lui amène une histoire très bonne et très joyeuse. Celle de Colinot Trousse-Chemise.

Nina se voit confier une production importante et onéreuse. Une superproduction, quoi !

Elle confie à Francis le rôle principal du film, au succès duquel doit contribuer Brigitte Bardot. — « Bardot, tu te rends compte ? »

Aussi, lorsque je demande à Francis où en sont les « négociations » dans la Maison de Molière, il me raconte « L'histoire très bonne et très joyeuse de Colinot Trousse-Chemise » qu'il va tourner dans le Périgord, au mois de mai.

Cela se passe au XVIe siècle. Trousse-Chemise est un aimable damoiseau qui entreprend une longue et pittoresque quête au terme de laquelle il espère retrouver celle qui a dérobé son cœur. Héros touchant et le plus souvent comique, peu fait pour conquérir une belle à la pointe de l'épée.

Sa jouvencelle sera campée par l'italienne Ottavia Piccolo, que Colinot, fort dépité, retrouve finalement mariée, et heureuse de l'être, à un seigneur dont la richesse est aussi connue que sa paillardise. Jean-Claude Drouot interprétera ce personnage truculent.

Le cœur navré, Colinot est consolé par une belle dame, Brigitte Bardot, qui se dévoue pour le déniaiser.

En cours de route, il rencontrera Nathalie Delon, Bernadette Lafont, Alice Sapritch, Muriel Catala, Francis Blanche, Rufus et bien d'autres...

Nina Companeez semble revenir à *Benjamin ou les mémoires d'un puceau*, *Raphaël ou le Débauché* et nous offrir une nouvelle version d'un conte galant, à vrai dire éternel.

Et puis, comme une bonne nouvelle n'arrive jamais seule, Isabelle Adjani apprend à Francis Huster qu'elle vient le rejoindre sur la scène de la Comédie-Française pour jouer

L'Avare mis en scène par Jean-Paul Roussillon avant d'interpréter le rôle d'Agnès de *L'École des femmes* en mai. Et *Ondine* par la suite !

Isabelle fait une rentrée gentille dans la Maison de Molière. Avec son air modeste, elle séduit tout le monde.

Dans *L'Avare*, Francis sera Cléante; Isabelle : Mariane. Évidemment ils sont loin de Roméo et Juliette !

Le « cirque » est maintenant terminé. Il a duré quatre mois. Quatre mois de discussions durant lesquels Pierre Dux n'est jamais revenu sur sa décision d'extrême fermeté.

Les nouvelles conventions sont enfin signées.

Un nouveau succès pour Pierre Dux.

Un avenir brillant pour la jeune Isabelle.

Francis Huster va crever les écrans dans les mois qui vont suivre.

UNE OCRE SUR LA PALETTE

Un comédien, c'est mille personnages en puissance, un truchement, une chambre de résonance. C'est le portrait de Francis Huster.

Pour tourner *Colinot Trousse-Chemise*, Francis se prive du rôle d'Horace de *L'École des femmes*, qu'on lui propose aux côtés d'Isabelle Adjani.

Ce sacré destin leur refuse décidément de belles scènes en public... Isabelle a l'impression que Francis lui échappe. Qu'il la devance, en tout cas.

Le seul chemin qui les relie, c'est l'authenticité d'une correspondance que ce petit personnage de Saxe, fragile et ravissant, répétant son premier grand rôle sur la scène de l'illustre Compagnie, envoie à ce Roméo perdu dans les bras de Bardot.

C'est un après-midi, durant une courte pause, pendant les répétitions, qu'Isabelle s'isole dans un coin de la Maison de Molière pour avouer à Francis, avec une feinte désinvolture, combien il lui manque. Elle lui écrit sur les feuilles quadrillées d'un cahier d'école :

... *C'est le 5e acte de l'École des Femmes*, beau, incroyablement beau, qui m'a incitée à jouer avec toi à la scribesse pressée. Le début de ma pensée, au moment de la mise en place, c'était : j'aurais bien aimé que le couple enlacé qui demeure, comme éternel, presque dans la salle, seul, devant le rideau baissé, entièrement témoins d'eux-mêmes, ce soit nous.

Je t'embrasse. Isabelle. »

Francis lit la lettre d'Isabelle à l'hôtel où il loge, à Sarlat. Il sait qu'il la retrouvera plus tard dans *Ondine*, puisqu'il en est question... En attendant, il est Colinot.

Dans un grand lit nacré couvert de fourrures fauves, Brigitte Bardot est nue. A la lumière courtoisement incertaine des bougies. Elle apparaît telle que Vadim la créa il y a près de vingt ans déjà : épanouie, charnelle, et toujours infantile. A ses côtés, son partenaire, Francis Huster, est nu également. Ils tournent dans une chambre du château de Fénelon, près de Sarlat.

— Petit gratteur de terre, ne sais-tu pas que chaque endroit de notre corps peut servir à l'amour ? demande la Princesse Arabelle au preux damoiseau.

— Que fait-on avec les oreilles ? lui répond celui-ci.

— On les fait vibrer avec des mots, et comme ceci...

La princesse lui mordille le lobe.

Dans ce conte médiéval, aventure champêtre et libertine, Nina est-elle en train d'immortaliser la dernière scène dévêtue de la dernière star française ?

La veille, au micro de France-Inter, B.B. a lancé de sa voix boudeuse, une bombe : « J'en ai assez de travailler. J'abandonne. C'est mon dernier film. Après le cinéma ? Eh bien : rien ! »

Aussitôt, de partout, sont arrivés ses vieux ennemis : les journalistes, ceux par qui elle est devenue une star. « Alors, c'est vrai ? Plus jamais ? Pourquoi ? etc. etc. »

Maintenant dans sa lourde robe de velours bleu nuit, la

princesse se cabre : « Je ne sais plus ! Il n'y a que les imbéciles qui ne changent pas d'avis. De toute façon, il n'y a pas de quoi faire tant d'histoires. Ma retraite, c'est quand même moins important que le Tupolev qui s'est écrasé au Bourget, non ? »

Sans doute.

Mais, quoi qu'il en soit, je prends le parti de téléphoner à Francis.

« Convoitée, adulée, imitée... Mais comprise ? Brigitte Bardot a-t-elle jamais été comprise ? Et ce métier qu'elle n'aime plus, l'a-t-elle jamais aimé ? Depuis sept ans — exception faite de *L'Ours et la poupée* de Companeez —, elle collectionne les échecs artistiques et commerciaux. D'*A cœur joie* à *Boulevard du Rhum*, de *Shalako* aux *Pétroleuses*, des *Femmes* à *Don Juan*... » Je livre mes quelques impressions à mon ami Huster.

Je le devine recroquevillé dans son fauteuil, en ce mois de juin plutôt froid, avec ses petites lunettes à la Schubert. Pourtant je retrouve dans le fond le bouillant pensionnaire de la Comédie-Française. « Bardot ? Ah, Bardot ! Une Reine ! Les gens du coin la harcèlent. Il y a des émeutes... Superbe ! Une vraie star ! Je souhaite qu'elle ne quitte jamais ce métier. On a besoin de Brigitte. Le cinéma français, sans Bardot, tu te rends compte !... C'est une femme sans ombre, alors que de nombreuses stars ne sont que l'ombre d'elles-mêmes. Elle n'est que sourire, que gentillesse ! Pas pimbêche du tout ! Une biche royale !»

Francis a une incroyable santé pour parler durant des heures des gens qu'il aime... Je lui demande ce qu'il a éprouvé en se retrouvant nu dans les bras les plus convoités de France. Là, je rencontre le professionnel : « Tu sais, pour moi, l'important, ce n'est pas de tourner nu. L'important, c'est qu'une fois nu, cela ne se voie pas... Parce que si les gens pensent aux dimensions de mon zizi ou à la grosseur de mes fesses, c'est que je suis mauvais acteur. »

« J'ai l'impression, lui dis-je — comme on fait un clin d'œil — que tu parles au journaliste... Mais, entre nous... »

Eh bien, ce qu'il me déclare — entre nous — et qui peut d'ailleurs très bien ne pas rester « entre nous », c'est qu'il a été très intimidé, au départ, lorsqu'il a rencontré Bardot, chez elle à Paris, en compagnie de Nina Companeez. Il allait rencontrer un mythe, qui apparemment en a un peu marre d'être un mythe. Il a revu tous les films tournés par Bardot. Il a acheté en super 8 *En cas de malheur* où il a vu vingt, trente fois, Bardot et Gabin. Il s'est ainsi familiarisé avec elle.

Pour Huster qui a le culte des stars, il se retrouve devant la plus grande... Celle qui avait sa place dans le Larousse à 25 ans, qui a aiguisé les plumes d'Edgar Morin, de François Mauriac, de Simone de Beauvoir, de Marguerite Duras... Lanceuse de modes, croqueuse de vie, elle a toujours montré ce qu'il a toujours été convenu de cacher... Oui, Francis ne pouvait être qu'admiratif, lui qui ne souhaite qu'être star ou rien du tout... Il ne sait pas encore que B.B. ne souhaite qu'une seule chose : être rien du tout.

Mais le jeune comédien est charmé par l'actrice. Fasciné par sa grandeur mêlée de simplicité...

« Je crois, me dit Francis au téléphone, que tout compte fait, j'ai beaucoup de chance de jouer avec Brigitte Bardot... Beaucoup de gens aimeraient être à ma place... »

Et Francis est très content d'être à la sienne. Il ne la donnerait pas pour tout l'or du monde.

Sa place, auprès de Nina Companeez, il ne l'échangerait pas non plus. Elle est en réalité la seule femme importante dans sa vie. Il ne murmure pas, il hurle : « Nina, je l'adore ! » Il a pour elle le plus immense des respects. Il sait qu'il lui doit la confiance qu'il a acquise auprès des femmes et dans le cinéma. Il va me confier, quelques mois plus tard : « Nina correspond exactement à ce que je cherchais inconsciemment. Jouvet a rencontré Giraudoux. Marais, Cocteau. Léaud, Truffaut. Karina et Belmondo, Godard. Delon, Melville... Je souhaite que Nina soit "mon Giraudoux, mon Cocteau, mon Godard"... J'entre tout à fait dans le style de peinture qu'elle fait... Je suis une ocre qui va bien sur sa palette et je suis content d'être étalé sur ses toiles... »

Huster sur les toiles de Companeez ? Un visage idéalement beau, intelligent qui se reflète dans l'eau de la claire fontaine... Avec, sous les tilleuls, de délicieux élans et... un sourire !

– nard de Vinci, à 16 h. Mais je serai là. Je suis là. Quand je serai grande, tu pourras compter sur moi. Je vais, je vais. Je t'aime beaucoup. Au fait, il y a de nombreuses contradictions etc... dans ton article, des choses que je n'aime pas, si tu veux, on peut s'en parler. Tu peux me joindre quand tu le désires, à BAG 33-35. C'est le 5e acte de l'école des femmes, beau, incroyablement beau qui m'a incitée à jouer avec toi cette scène pressée. Le début de ma pensée au moment de la mise en place, c'était j'aurais bien aimé que le couple enlacé qui demeure, comme éternel, presque dans la salle, seul, devant le rideau baissé, entièrement témoins d'eux mêmes, ce soit vous.

Je t'embrasse

Isabelle

Extrait de la lettre d'Isabelle Adjani à Francis Huster.

LE DOUTE ET LA GLOIRE

A ce moment précis de sa carrière, personne ne comprend très bien l'itinéraire que Francis Huster veut suivre. Le comédien se déclare fou de joie d'appartenir à la Comédie-Française, et pourtant, il ne parle que de projets cinématographiques. Après *Colinot Trousse-Chemise*, pour les journaux de cinéma, il est une vedette de cinéma. Ce qui n'empêche pas la critique théâtrale de le considérer comme l'enfant prodige du Français...

Et Francis ne compte se passer ni du théâtre, ni du cinéma, ni d'ailleurs de la télévision. « Ces derniers seront mes deux bras » dit-il. Il ajoute : « Le théâtre, c'est mon cœur. »

Il fait une carrière théâtrale pour aller le plus loin possible dans son art et il éprouve le besoin d'être en pleine possession de ses moyens pour faire du cinéma... entre autres...

Et Francis, pendant plus d'un an, va faire plus que jamais du théâtre... Peut-être trop ?

En octobre 1973, il interprète le rôle de Cœlio dans *Les Caprices de Marianne* sous la direction de Jean-Laurent Cochet.

En décembre, il est le Marquis de l'*Henri IV* de Pirandello mis en scène par Raymond Rouleau.

En février 1974, on lui demande de remplacer, au pied levé, Michel Duchaussoy (en congé) pour enfin jouer le rôle d'Horace de *L'École des femmes* avec Isabelle Adjani. Une performance. Il ne répète qu'un après-midi avec Roussillon et il est Horace. Ce n'était pas prévu au programme, mais c'est parfait.

Le mois suivant, il sera l'événement du Théâtre-Français avec le rôle le plus court de sa carrière : celui du poète Walter dans l'*Ondine* de Giraudoux...

S'il a dix répliques, c'est bien le bout du monde. Et pourtant, quel joli rôle Huster en a fait ! Le dernier face à face Huster-Adjani, les yeux dans les yeux.

La presse est unanime. La critique délirante. Robin Livio la résume parfaitement dans *Combat* du 23 mars 1974 : « Ils sont tous magnifiques pris un par un et encore davantage solidairement. » Et pourtant, un grand nombre de journalistes ne résistent pas à la tentation de parler d'Huster en particulier...

Quant à moi, je ne peux résister à l'envie de reproduire intégralement les sentiments de Donatienne Humbert dans *Les Échos*.

« Ici, donc, le poète s'appelle Walter, et Raymond Rouleau, metteur en scène, allait le faire interpréter par Francis Huster. Bien sûr, cela surprit ceux qui, connaissant bien la pièce, se souvenaient que l'un des aspects les plus émouvants de Walter est justement sa laideur physique. Comment réussir à convaincre un public, fût-il le plus éclairé, que Mélusine est Carabosse ? Mais qu'importe : tout n'est-il pas permis au royaume des fées ? Et c'est bien chez elles que nous nous trouverons avec ce conte : Envoyé par la brune Bertha dans une forêt si profonde que preux chevalier n'en sortirait, Hans Wittenstein zu Wittenstein s'y heurte à la lumière d'Ondine, transparent petit elfe jouant à la surface des eaux ou vivant, humble fillette, dans la simple cabane de ses parents adoptifs. Mais si les deux vieux pêcheurs s'inclinent respectueusement devant ce jeune seigneur en armure, Ondine, elle, n'hésite pas à réprimander sévèrement cet hôte qui a l'audace d'aimer les truites « au bleu ». Les truites sont ses amies, scintillantes et gaies qui nagent « vers l'eau froide » ! Il ne sied donc pas de les « jeter vives dans l'eau qui bout ».

Pour Hans semble alors s'achever la Quête : ne trouve-t-il pas en Ondine ce qu'il était venu chercher, le mystère, l'émotion, la beauté, l'insaisissable ? Mais les ondines ne sont pas faites pour vivre dans le monde des hommes, on s'en serait douté, et quand, confiante et pleine d'amour, la petite fille blonde, si fière de marcher sur deux jambes, se retrouve parmi eux, sa spontanéité se tourne en maladresse et peu nombreux sont ceux, à la cour, dont le cœur est assez grand pour ne pas s'arrêter aux apparences. Elle semble dépouillée de son caractère magique et le Public bientôt se moque légèrement plus qu'il ne sourit de l'innocente étourdie : la poésie et la grâce lui ont échappé pour un temps et se trouvent désormais personnifiées par Walter, seul capable, dès la première rencontre, de la regarder avec tendresse, de retrouver en elle l'âme qu'il porte en lui. Il est la voix timide qui s'élève en faveur de l'amour, si rarement et si mal entendue. Amusé, ému, inquiet, il est omniprésent. Bon génie de ces heures mauvaises, il lutte à armes inégales avec les forces raisonnables qu'a contrariées la pure Ondine en s'offrant à Hans parce qu'il était beau, simplement, et qu'il venait d'ailleurs. Bientôt pourtant l'influence de Walter se fait sentir, si discrète soit-elle, et c'est par ses yeux que vont à nouveau la regarder le Public, puis un jeune homme de la cour, puis la Reine, mais seraient-ils des milliers... Le seul qui reste aveugle est le seul dont elle aurait besoin. Et le pauvre Walter sait qu'il n'y peut rien, tant est grande la confiance que l'amour donne aux âmes enfantines : oui, Ondine croit en l'amour de Hans, en la parole de Hans, et n'écoutera d'autre voix que la sienne. Le poète à l'âme belle n'y pourra rien changer.

Huster, passionné par le personnage, se façonne le visage et le corps, de telle sorte qu'on oublie ses traits réguliers et la grâce féline qui anime le moindre de ses gestes. Il se rend maladroit, encombrant, on plaint en lui l'être pur égaré dans cette enveloppe grossière et que seuls ses yeux nous laissent percevoir. Le costume l'aide, me direz-vous : le lourd brocart rose tissé d'or, et le faux-nez dont on l'a affublé. Je vous répondrai qu'ils l'ont peut-être au contraire gêné. Mais, si cela fut, nul ne s'en rendit compte alors : il était Walter portant sa souffrance en un gai sourire sur ses lèvres tordues, courtisan sachant si mal courber le dos et baisser les yeux, Noblesse. Oh la déchirure quelquefois, et la douceur, et la tendresse : pauvre petit homme perdu dans un monde de géants, intelligence cernée par la bêtise. Puis, imperceptiblement, Francis se transforme, la flamme intérieure du poète le dévore, elle illumine son visage, transfigurant son corps et il s'élève, s'accrochant aux cintres, bondissant, léger et presque beau, pour regarder Ondine et lui parler. Rencontre. L'adorable Isabelle Adjani et Francis Huster face à face, les yeux dans les yeux. Un poète et une fée. Certes après ce spectacle du Théâtre-Français, les spectateurs rentrèrent chez eux le cœur en fête, ils avaient vu deux étoiles y scintiller. »

Comme pour le récompenser, au mois de mai, la Comédie-Française confie à Francis Huster, en lever de rideau, la mise en scène d'une œuvre de jeunesse d'Alfred de Musset *Les Marrons du Feu*. Juste avant que s'ébranle — en seconde partie — la lourde machinerie de la pièce de Jean-François Regnard *Le Légataire Universel*.

Les Marrons du Feu, c'est un petit acte gaillard, un chassé-croisé moqueur au pays de la comédie italienne, que Francis interprète également.

« Il est beau », « Gracieux », « Fin », « Excellent », « Spirituel », « Avec un brin d'humour vipérin qui fait merveille »... Là encore, Huster remporte des lauriers...

Toujours en 1974, Francis Huster joue *La Nostalgie Camarade* de Billetdoux mis en scène par Roussillon...

Et Francis est inquiet. Il ne comprend peut-être pas les raisons profondes de son inquiétude, mais il sait qu'il veut éclater. Il le sent. Il traverse une période de doute qui correspond au « ... Si tu te sens seul » de Nina Companeez à ses débuts. Il éprouve le besoin impérieux de monter un spectacle en dehors de la Comédie-Française.

Charon a-t-il raison ? Francis appartiendrait-il réellement à cette race d'acteurs pour qui la raison du succès au Boulevard, au cinéma, est la meilleure ? Étouffe-t-il dans la Maison de

Molière comme Feuillère y étouffait naguère ? Comme Fresnay, en état d'incompatibilité ?...

Monter un spectacle au théâtre en dehors de la Comédie-Française ne correspond pas aux habitudes de la Maison. En tout cas, il n'est pas question qu'il se produise à Paris, en dehors de l'enceinte du théâtre officiel.

Qu'à cela ne tienne, Huster jouera en banlieue. N'importe où. Pierre Dux ne peut pas ne pas lui accorder cette chance. Francis pressent qu'il faut qu'il se montre à la hauteur de ce qu'il avait annoncé. C'est-à-dire à la hauteur de rôles comme *Lorenzaccio, Le Cid, Ruy Blas*... Il pense néanmoins que le plus grand de tous les rôles c'est *Hamlet* avec ses cinquante personnages ! Et il n'a trouvé pour se produire qu'une toute petite salle à Vincennes. Une salle d'auto-école. Son rêve est donc démesuré. Mais la démesure n'effraie pas Francis ! Au contraire...

Et puis, un semi-hasard met sur son chemin la nouvelle poétique de Jules Laforgue que, dans les années 35, Jean-Louis Barrault avait déjà monté au théâtre.

Jules Laforgue, c'est poussiéreux, c'est loin, c'est vague, ça date des années 1880... On a oublié cet adolescent funambulesque qui jouait sur les mots et se rattrapait au fil d'un humour cruel : « Je ne suis qu'un viveur lunaire qui fait des ronds dans les bassins... »

Avant de mourir, il écrivit une espèce de monologue, une sorte de psychanalyse d'Hamlet où, durant une heure, Hamlet parle. Il parle à lui-même, au ciel, à son père, à la salle, à Ophélie... Il déraille, il vacille, il jongle avec le temps, l'espace...

Huster a toujours été affilié à Barrault. Ils ont ensemble ce même goût suave du théâtre. Barrault transcrivit la pièce de Laforgue pour plusieurs personnages, en costumes. Francis pense qu'il y a une autre route : celle de l'homme seul qui raconte. La route tracée par Laforgue lui-même...

Huster a l'âge du rôle. L'âge de l'auteur mort. L'âge de l'acteur.

Francis va se lancer dans l'aventure. Pas seul. C'est Jacques Spiesser, son « vieil ami », qui va le mettre en scène, qui va devenir son miroir. Huster m'a toujours dit : « Un metteur en scène c'est un œil. Quand un acteur et un metteur en scène sont liés (c'est-à-dire que le metteur en scène attend de l'acteur l'invention, et que l'acteur attend du metteur en scène la réceptivité et le regard absolument sûr) on peut parler d'entreprise bivalente. Dès que l'un des deux perd confiance, c'est fini. »

Ensemble, ils travaillent vingt heures par jour. Ils étudient sur le texte une certaine conception du jeu de l'acteur. Seuls, tard dans la nuit, ils couchent des notes de travail où ils expliquent ce qu'ils font, sur la scène absolument nue du Théâtre — baptisé Daniel Sorano — de Vincennes.

« Les Amours de Jacques le Fataliste c'était à travers Diderot et le XVIIIe siècle, un travail théâtral sur une certaine conception du jeu de l'acteur, de l'improvisation scénique faite de silences et de cassures de rythme vocal, et qui, en fait, est calculée entièrement au moindre geste, à la moindre intonation et répétée avec acharnement pour donner au spectacle l'illusion d'une improvisation involontaire : au théâtre le beau c'est le faux, mais ce « faux »-là doit être travaillé pour de vrai.

Hamlet c'est à travers Laforgue et le XIXe siècle, une autre manière de défendre un certain point de vue sur la force visuelle et magique du jeu de l'acteur lorsque celui-ci se dédouble sur scène et n'interprète plus seulement un personnage, mais « s'interprète lui-même » aussi : et ce jeu de dédoublement étant à l'image ici du dédoublement de l'auteur avec son héros dans la construction même du « poème narratif » de Laforgue. Cette fois, en plus de l'improvisation « choisie et assimilée », le jeu consiste à « laisser aller » l'acteur comme sur un fil et à « laisser vivre » l'improvisation gestuelle et auditive qui en résulte mais à l'intérieur de normes de jeu définies en fonction même du style de l'œuvre : âpreté, acuité, souffrance contenue etc. Au théâtre il n'y a de règle pour l'acteur que celle de posséder l'humilité de se livrer sans fausse pudeur, en vrai narcissisme diront les uns, en vraie passion dirons-nous peut-être, en tout cas en vrai danger d'être « vrai ».

Diderot, Laforgue, le XVIIIe, le XIXe, nous espérons désormais un prochain travail sur une œuvre d'un auteur du XXe siècle cette fois, pour finir notre boucle à propos de « l'acteur par lui-même. »

Les dés sont lancés, le 7 décembre 1974, sur la scène du « Daniel Sorano », totalement inconnue du public.

L'univers est clos. Noir. La porte s'ouvre violemment avec l'acteur qui entre, de noir vêtu, coiffé de son sombrero de noctambule, dans un halo, ou plutôt un déchirement de lumière. Tout commence et tout recommence...

Tout le monde est venu. La salle est comble tous les soirs. Très vite, deux représentations par soirée pour cause d'affluence. Cinq semaines au lieu de deux. Deux kilos perdus par séance. Cela paraît incroyable. Du délire. La critique ? N'en parlons pas ! Il vaut mieux la reproduire.

Paul-Louis Mignon au micro de France-Inter :

« Il faut voir Francis Huster sous les indications de Jacques Spiesser indiquer justement ce climat, cet univers de la folie dans la drôlerie du texte insolite, dans ce que cela peut avoir d'angoissant, d'inquiétant, c'est un travail de subtilité qui est dans le regard, dans les mimes, dans les moindres jeux, dans les moindres attitudes. »

Paul Chambilion dans *Valeurs Actuelles* :

« C'est un Hamlet rêvé par un agonisant symboliste : l'auteur mourra quelques années plus tard, de phtisie, et l'œuvre ne connaîtra qu'une publication posthume.

Pour ce Hamlet, l'humour, la dérision ne sont que le vernis d'un désespoir amplement motivé. Laforgue voit sa fin, il la commente, l'analyse, la ressasse. Son œuvre est pleine d'évocations nostalgiques, de couronnes funèbres, d'envies suicidaires, voire de souvenirs de la vie intra-utérine.

« Hamlet, écrit Laforgue, se prend son futur crâne de squelette à deux mains et essaie de frissonner de tous ses ossements. »

Francis Huster se livre ici, solitaire, dans une petite salle de la dimension d'un placard, mis en scène par Jacques Spiesser qui, déjà, lui avait préparé une adaptation de *Jacques le Fataliste*. Bel exercice de haute école dramatique où, vêtu d'un frac délabré, ce Hamlet fin de siècle essaie une composition qui fait songer parfois à Charlie Chaplin dans le registre de la moquerie mélancolique.

Il faut se laisser porter par sa verve triste, par la musique des phrases, par les images qui défilent dans une interprétation rapide et claire, souvent amusante, toujours chargée d'intéressantes trouvailles. »

Mathieu Galey dans *Le Quotidien de Paris* :

« Drôle d'aventure, étrange langage tout de brisures, d'élans coupés, de silences et de sous-entendus humoristiques : un joli morceau de littérature, comme seul savait en produire le "stupide XIXe siècle", quand il oubliait d'être bête. Décadence exquise aussi, bien sûr, peut-être difficile à imposer aujourd'hui.

En tout cas, Francis Huster se bat seul avec ce texte, dans un beau corps-à-corps d'esquives et de gestes "théâtraux", où passe l'esprit de la parodie. Un travail d'équilibriste, également, sans le filet d'une anecdote, sans le relais d'un partenaire. Pas facile. Un rien ardu, même ingrat. Quelque chose d'une épure, dans la démonstration de ce virtuose. »

Pierre-Jean Rémy dans *Le Point* :

« Mis en scène par Spiesser avec une rigueur amusée, Huster dit d'une seule haleine tout ce qui revient à Hamlet, n'évoquant les autres personnages qu'entre deux respirations. On imagine la complicité des deux amis pour régler ce prodigieux numéro de travail théâtral, ce morceau de bravoure soutenu de bout en bout, où chacun des gestes du comédien remplace une parole, une idée aussitôt écartée que lancée, aussitôt reprise qu'écartée. Jouant de ses mains comme un prestidigitateur, mime génial qui invente la réalité et ne l'imite pas, Huster crée chacun de ses personnages et son décor dans une boîte vide. Il est beau, il est blême, il rit de ses larmes mais nous fait un grand clin d'œil quand nous allons verser les nôtres.

Bien sûr, il faut aller jusqu'à Vincennes, c'est loin, il fait mauvais... Mais ce que font Spiesser et Huster tient du coup de folie du clown qui salue tout en haut de l'échelle. C'est beau à en pleurer. »

Pierre Marcabru dans *France-Soir* :

« Tout est précision et souplesse, avec des changements de ton comme un cheval change de pas. Tour à tour romantique et goguenard, désespéré et farceur, Huster réussit ces ruptures abruptes, ces variations avec une grâce extraordinaire. Un charme. Apartés dérisoires ou cocasses, mises au point narquoises, pudeur qui se camoufle, sarcasmes, sautes d'humeur, fragilité, rien n'est ici écarté, tout est montré, mais comme on dessine dans l'air, un funambule sur le fil de la déraison.

Et tout ce qu'il y a de neuf, de moderne, d'imprévu, de contemporain chez Laforgue éclate ainsi à notre nez. Humour, désespérance, révolte... On n'imaginait point que le texte soit si dense, si fort, si proche. Voilà ce que nous montre Huster : la familiarité de la folie, et sa logique. »

Philippe Tesson dans *Le Canard Enchaîné* :

« Lorsqu'elle ne se prend pas au sérieux, si vous n'êtes pas sensible à l'écriture bondissante, rebondissante, escarpée, constamment inattendue de Jules Laforgue, alors je démissionne. Vous savez, c'est comme ces sauces étonnantes dans lesquelles on ne déchiffre plus rien, alors on se laisse aller. Ici il y a entre la langue, l'humour et la vision du monde une unité naturelle. A la fois c'est beau, c'est drôle et c'est vrai. »

Guy Dumur dans *Le Nouvel Observateur* :

« *Hamlet* est un de ces petits chefs-d'œuvre tels que cette fin du XIXe siècle a su en produire. Les *Modalités légendaires* de Laforgue (que le Mercure de France ferait bien de rééditer) publiées l'année même de la mort prématurée du poète se situent quelque part entre les textes plus ambitieux de Mallarmé et ceux, trop amers, de Jules Renard. Le *Hamlet* de Laforgue, c'est-à-dire le *Hamlet* de Shakespeare raconté par un poète qui sait qu'il va mourir, c'est le brillant du désespoir, c'est toute l'ironie poétique que résume ce mot merveilleux : « J'ai de l'infini sur la planche... »

C'est léger et irisé comme des gouttes de rosée. Ça ne veut rien dire et ça dit tout. C'est la philosophie de Schopenhauer réécrite par Offenbach. Et très français avec ça. Je veux dire : d'une France qui n'existe plus, qui n'existera plus jamais, où tout pouvait se dire avec si peu de mots même si Laforgue s'amuse parfois, parodiant Mallarmé, à parler de "décatis bouquets de fêtes éphémères" ou de "l'internullité d'avant la naissance".

Et quel comédien pour dire ce beau monologue.

Mis en scène par Jacques Spiesser, qui a l'air de rudement bien savoir diriger un comédien, Francis Huster est le successeur de Gérard Philipe et l'égal de Laurent Terzieff ou de Claude Rich, auxquels il fait penser. »

Michel Cournot dans *Le Monde* :

« Jules Laforgue s'amuse à défaire, avec le fil d'une épée, tous les nœuds de la poésie, du semblant dramatique, des contradictions de l'acteur. C'est un texte paranoïaque et très vivant, très physique, avec toute une comédie d'élans sincères, de scrupules tardifs, de tournants brusques, imprévus.

Mais il y a dans ce texte des élancements d'une actualité incroyable, ce sont peut-être eux qui ont incité Jacques Spiesser à porter *Hamlet* à la scène. Il l'a fait avec une intelligence rare. Toutes les indications qu'il a données à l'acteur Francis Huster projettent le langage dans un espace aberrant, mais débordant de vie. Océan, château, lit, fenêtre, mais aussi angoisse, amour fou, poids insupportable du père, sont ici suscités avec une science impardonnable de la feinte.

Un peu trop « joli cœur » peut-être, mais comment ne pas aimer ça, Francis Huster est un magicien léger, qui transforme des mots en cheveux, en nuages, en flaques de sang.

Cet *Hamlet* mérite d'être vu, c'est très beau. »

Michel Gray dans *L'Aurore* :

« Dès que celui-ci entre en scène, clochard-dandy vêtu d'un vieux frac, chemise ouverte sur la poitrine, cravate chiffonnée autour du cou, on le sent habité. Une flamme brûle dans ses yeux tandis que se déroule le conte, que se dessinent et s'effacent les visages des comparses. Inséparables, Hamlet et Laforgue nous regardent. »

Un an et demi après, l'expérience reprend. Cette fois pour la télévision... Parce que Huster a séduit, en particulier, la propre fille du Président de la République, Valéry Giscard d'Estaing, qui va manœuvrer afin que cet *Hamlet* soit connu jusque dans les campagnes les plus retirées...

Francis acceptera l'enjeu à condition de pouvoir faire une vraie création télévisée et d'être filmé par Nina Companeez. Il fallait que sa grande victoire soit peinte sur un tableau aux couleurs Companeez...

Quoi qu'il en soit, en ce mois de décembre 1974, Francis Huster est convaincu qu'il peut devenir le premier. Il n'est plus question de reculer. Il doute plus que jamais de son avenir à la Comédie-Française. Il doute au point de l'écrire à Pierre Dux. Il ne sait plus ce qu'il a écrit. Il a écrit tout de lui...

Le 22 décembre, l'Administrateur lui répond :

« Cher Francis

Votre lettre me bouleverse et me désole. Mais je n'y crois pas encore. Elle dénonce presque à chaque ligne une confusion d'esprit dont vous ne pouvez vous rendre compte parce que vous traversez une crise de solitude. Je pars pour 24 heures. A mon retour, je souhaite vous voir et causer avec vous longuement.

Je vous embrasse. Pierre Dux. »

Le lundi 20 janvier 1975, Francis Huster envoie une lettre de démission. Il est seul face au succès.

RAYMOND ROULEAU

Merci cher Francis pour
cette collaboration qui me
donne, encore plus, le désir
de travailler avec toi et
avec ou sans baguette
magique - Je t'embrasse

Raymond.

RAYMOND ROULEAU jeudi

Merci cher Francis
pour ce que tu apportes
de fraîcheur vraie, de
poésie, d'élan à ce
disgracieux plumivore
Tu es remarquable

je t'embrasse

Raymond.

1. La reconnaissance d'un metteur en scène à son comédien pour le rôle du Marquis dans *Henri IV* de Pirandello.

2. Une récompense pour le rôle le plus court de la jeune carrière de Francis — celui de Walter, le poète d'*Ondine*.

COMÉDIE FRANÇAISE

L'Administrateur Général

PARIS, LE 22 décembre

Cher Francis

Votre lettre me bouleverse et me désole. Mais je n'y crois pas encore. Elle dénonce presque à chaque ligne une confusion d'esprit dont vous ne pouvez vous rendre compte parce que

vous traversez une crise dans la solitude.

Je pars pour 24 heures. A mon retour je souhaite vous voir et causer avec vous longuement.

Je vous embrasse

Pierre Dux

La Nuit des assassins », mars 1971. Francis n'attend pas que dieu se manifeste.

Entre Jean-Luc Boutté et Pierre Dux, l'administrateur, signature du contrat Comédie-Française.

« Le bel été » 1971. L'équipe au complet de « Faustine ».

Francis et Nina Companeez.

La photo de Nina qui ne quitte jamais le
porte-feuilles de Francis.

18.1.1972 — *Volpone* avec Jacques Charon.

5.5.1972 — *La station Champbaudet.*

L'histoire très bonne et très joyeuse de *Colinot-Trousse-Chemise* … avec brigitte Bardot dans son dernier rôle au cinéma.

« Une ocre sur la palette de Nina Companeez. »

3.10.1973 — *Les Caprices de Marianne*

18.3.1974
Ondine, avec Isabelle Adjani.

Un événement pour le rôle le plus court de la carrière de Francis, celui du poète Walter. Dix lignes… tout au plus.

Hamlet de Laforgues : une victoire sauvage !

4.5.1975 — *Le Misanthrope.*

2.4.1975 — *Cinna* avec Michel Etcheverry.

LE MYSTÈRE

Début 1975, la presse relate déjà l'événement : Huster démissionne. Un mois après Adjani. Aucun rapport, pourtant. Je sais. Chaque article mentionne l'étonnante performance de l'interprète d'*Hamlet*, qui, précisément, n'a pas été joué sur la scène de la Comédie-Française... Une victoire « sauvage ».

Là, je dois vraiment faire appel à mes souvenirs pour comprendre et revenir un mois en arrière.

Francis vit seul, dans une simple pièce du 19 de la rue Monsigny. Seul avec un lit, un baby-foot et un bureau. C'est là qu'il se met dans la peau de ses personnages, qu'il les crée, chaque fois qu'il joue. Là, il évite l'éparpillement. Un danger qui risquerait de l'empêcher de se concentrer et de sortir de lui-même. Là encore, il s'isole pour mieux lire les critiques qui paraissent sur ses films et ses pièces. Il les analyse. Le nombre des articles le concernant pourrait dissiper toutes craintes face à l'avenir. Mais il est méditatif, lointain.

Il est environ 11 h 30 du matin lorsque je sonne chez lui. Je lui tends immédiatement un paquet de journaux. Je les ouvre chacun à la page où il est question d'*Hamlet*. Lui et moi, on ne parle pas.

Je le sens saisi d'un petit tremblement intérieur en lisant tout le bien qu'on pense de son « entreprise ».

Au fur et à mesure qu'il « examine chacune des lignes », il s'éloigne de moi. Comme par pudeur. Il s'isole, oui. La fièvre qui semble le brûler augmente encore...

« Tu te rends compte ! » lui dis-je, en m'apercevant qu'il est en train de déteindre un peu sur moi.

Je l'observe. Il frissonne réellement dans sa robe de chambre blanche. Il est tapi au coin de la fenêtre.

Je me dis que Francis en a connu des heures, et des nuits, et des supplices, et des passions animales, pour mériter cette récompense que lui offre la presse... Il respecte les journalistes qui écrivent sur lui autant qu'il est respecté par eux. Je crois même qu'il les aime profondément...

Au bout d'une demi-heure, sur une chaise basse, il s'est accroupi. Silence. Il a l'air d'un adolescent bouleversé. Avec lui le silence n'est jamais pesant.

Je sais qu'il traverse une période de doute et de solitude. Je pense qu'il avait besoin — avant tout —, non pas de se libérer du Français, mais de se retrouver à travers une véritable création qui lui permettrait de s'épanouir.

Aujourd'hui, c'est chose faite ! Avec *Hamlet*, il vient de démontrer — seul sur une scène — toutes ses possibilités. Alors ?... Silence. Je fume, il ne fume pas. J'entrouvre la fenêtre. Il ajoute un pull sur la robe de chambre.

C'est là que Francis m'apprend qu'il a proposé à Pierre Dux, en octobre dernier de monter *Hamlet* de Laforgue, pour la Comédie-Française au Petit-Odéon. Jean-Pierre Miquel, responsable de la programmation, a rejeté son projet. C'est tout. Et c'est beaucoup pour lui.

Il s'était structuré à l'intérieur d'une troupe. Il fallait qu'il explose et qu'on lui en donne la possibilité. Cette occasion lui étant refusée, il s'est « fait voir ailleurs ». Avec triomphe.

En fait, Francis est un individualiste. Et, aussi paradoxal que cela puisse paraître, ce n'est en rien incompatible avec sa position au sein de la Maison française. En effet, jamais il n'y eut plus d'individualisme qu'au temps de Gérard Philipe au T.N.P... Jamais encore la discipline de la Comédie-Française n'a été plus ferme qu'avec Jean Meyer. Et c'est toujours là que des personnalités comme Charon et Hirsch ont pu exploser. Francis me l'a souvent fait remarquer.

Oui, ce matin-là, alors qu'il devrait exploser de joie, Francis a tout de même un comportement étrange. Il est vrai qu'il m'a souvent dit : « L'important dans la vie, c'est le mystère. Tous les rapports amoureux ne sont ni des rapports de force, ni de soumission, mais des rapports de mystère. » Alors, je me dis qu'il doit en user et en abuser, aujourd'hui, de son mystère... De ce mystère dont il s'est entouré comme d'un halo.

Je m'apprête à le quitter, au moment même où j'ai l'impression qu'il veut être rassuré, consolé, admiré et aimé... encore plus.

Je comprends alors, plus que jamais, que son métier est un métier d'amour.

Que s'est-il passé entre « l'explosion d'*Hamlet* », sa lettre incohérente adressée à Pierre Dux, son entrevue avec l'Administrateur et sa démission du 20 janvier 1975 ?

« Mystérieusement », Francis élabore un projet avec Weber (le revoilà !) et Robert Hossein (lui aussi !). A eux trois, ils veulent créer une troupe ! Mais il y a — encore — comme un malaise... Huster se jette à l'eau. Il se mouille carrément en démissionnant, pour entraîner ses deux compagnons. Mais...

Pierre Dux ne connaît rien de ce projet. Le même Pierre Dux qu'un différend opposa à Hossein, en 1971, lorsque le Prix d'Excellence Jacques Weber refusa la Comédie-Française pour suivre le patron du T.P.R... Mais, après une réconciliation (lorsque l'Administrateur propose à Hossein de venir jouer *Les Bas-Fonds* sur la scène de l'Odéon), Hossein peut-il décemment enlever le pensionnaire du Français ? Une récidive qui pourrait se solder par de la rancune.

Le projet si cher au cœur d'Huster n'aboutit donc pas. Il se sent de nouveau abandonné par Weber, trahi par Hossein. Il souhaite alors reprendre sa lettre de démission. Pierre Dux s'en réfère alors au Comité qui jugera acceptable ce « retour » de l'enfant prodigue.

La presse qui a annoncé la nouvelle n'y comprend rien. C'est bien normal.

L'AMOUR DE LA VIE, L'AMOUR DE LA MORT, L'AMOUR DE L'AMOUR...

Francis vit le succès pleinement. Puis, il s'en détache. Le présent devenant presque aussitôt passé...

Un soir, dans un restaurant italien du quartier Saint-Honoré, entre des pâtes au pistou et une escalope à je ne sais plus quelle sauce, il me déclare : « Tu sais, *Hamlet* de Laforgue, c'était[1] le XIXe siècle. Le milieu d'une trilogie. C'était l'amour de la mort, avec un langage métaphysique. Avec des mots mystérieux, baroques, sulfureux... *Jacques le Fataliste*, c'était le XVIIIe siècle, c'était Diderot, l'amour de la vie, avec un langage philosophique, avec des mots étincelants, ciselés, purs... Pour le XXe siècle, je ferai une création totale, qui ne sera inspirée que par Huster. Ce sera *l'Amour de l'amour*. Une pièce avec des mots du XXe siècle. C'est-à-dire obscènes, crus, violents, désespérés. Avec un langage qui ne sera ni philosophique, ni métaphysique... Un langage libératoire. »

1. C'était en réalité très peu de jours après sa dernière représentation.

Juste avant, nous avions été chercher son courrier. Par dizaines, des lettres de jeunes filles. Des jeunes filles aux yeux desquelles il symbolise « l'amour de l'amour »...

FRANCIS HUSTER... DE LA COMÉDIE-FRANCAISE. MÉGALO, AMBITIEUX, CAPRICIEUX, ARRIVISTE, ETC., ETC.

J'ai été le témoin — non privilégié — de cette frange de vie où Francis est atteint d'un mal nouveau.

Un mois après sa démission reprise — où il m'avoue que ça n'était, en fait, que la troisième —, on revient, ensemble, des Tuileries, avec ce même battement de cœur intolérable d'après-jogging.

Il est 7 h 30 du matin. Sur Paris, un silence de musée. On prend la petite avenue large comme un bras de mer qui relie les arcades du Louvre à la Place Colette. C'est là qu'on doit se quitter.

Le vent glacial fait courir un frisson sur nos cheveux. A ce moment précis, je sens un sentiment de lassitude flotter autour de lui. Je sais pourtant qu'il n'est jamais fatigué. Mais il y a quelque chose d'alangui dans son attitude. Je me ressaisis. Je lui demande ce qu'il va faire aujourd'hui, comme on demande si « ça va ? » sans en attendre la réponse. Mais Francis me répond d'une voix aiguë : « Je ne fais rien. Je deviens. »

A cette époque, les journaux ne cessent de brosser son portrait. On le dit capricieux, versatile, mégalomane, orgueilleux, ambitieux, arriviste, agressif par timidité...

Oui, c'est vrai. Il est tout ça, en 1975. Et plus que ça même. Il est totalement en crise. Un bloc d'incertitudes. Un grand brûlé.

D'*Hamlet*, il ne veut plus entendre parler. De son dernier film *Colinot Trousse-Chemise* — toujours à l'affiche —, il en parle avec détachement à Jacqueline Cartier dans *France-Soir* : « ... Une chance ? Oui et non... C'est un rôle important, certes... Mais en fait, Colinot est un passif qui subit les événements. C'est chaque femme qui entre dans sa vie qui a l'action en main, qui bouleverse, qui fait rire. Et quand vous êtes, de plus, face à des femmes à la personnalité aussi forte que celle de Bardot... »

Torturé, parfois exténué, écœuré sans réelles raisons, atterré pour un rien, il voit sa vie se finir ou se refaire. Pourquoi se refaire ? Mystère ! Se défaire « d'une certaine façon », comme il dit; et se refaire « de cent façons variées ».

Que cherche-t-il ? Il a la solitude et le succès. Je me surprends à penser : « C'est tant pis pour lui ! » Il me fatigue, comme il fatigue tout le monde... Il est crispant lorsqu'il répète inlassablement, aux journalistes, mais également à ses intimes — fait-il une différence entre les uns des autres ? — : « Je veux être Huster. Ça n'est pas très sympathique, je le sais, de déclarer : "Je veux être une star." Mais c'est très simple ! Si j'étais sportif et si je travaillais dix-huit heures par jour, ce serait pour devenir champion olympique. Pourquoi un acteur qui travaille dix-huit heures par jour dirait-il : "Je ne veux pas être une star, je veux être un numéro deux ?" Moi, je veux, j'y travaille, c'est un métier, mon métier, et je serai médaille d'or ! »

Pathétique ! Je crois qu'il dépense une énergie considérable à enfoncer des portes ouvertes. Écorché vif. Emmerdant. Avec cette soif de toujours et toujours prouver. Sa percée a été trop rapide. Voilà ce que je pense en cette période, de ce « trop de chance », ce « gâté », ce « trop gâté ».

Un soir, je lui dis que je le sens perpétuellement à la recherche d'une infirmière ou d'un psychanalyste. Et j'ajoute : « Mais voilà, l'Armée du Salut, les Petites Sœurs des Pauvres, ne sont plus ce qu'elles étaient. »

Je le vois alors se lever. Les mains dans les poches. Une démarche de boxeur. Il roule légèrement des épaules, tandis que son regard essaie de s'accrocher à n'importe quoi, avant de saisir le mien. Il se met à hurler : « Tu comprends rien, j'me fous de tout ! J'en ai rien à foutre de toi et des autres. Je vous emmerde ! » Ses mains tremblent dans ses poches. Il me dit encore, entre ses dents agressives : « Tu as compris ? » Je lui réponds que non, justement, je n'ai rien compris.

Il se détourne. Après un court instant de flottement, il ricane. J'observe quelques petites contractions des muscles de son visage, accompagnées d'expirations saccadées. Ses yeux sont à nouveau dans les miens, et c'est alors qu'il explose de rire. Ce rire se transforme bien vite en demi-rire. Puis apparaît un sourire d'affection moqueuse — peut-être envers lui-même — et il tombe sur le canapé. Je le sens complètement vidé de ses forces vitales. Il reste comme dans un état de mort apparente. Plus tard, il va murmurer, dans une espèce de sanglot amer : « Bof, rien ne marchera pour moi... J'vais me péter la gueule... Tout ça n'a aucun intérêt... Personne ne m'aime... » etc., etc.

Ça veut dire : « Au secours ! Au secours ! » Au secours de quoi ? Bon Dieu !

Les magazines, la critique, continuent à le comparer à Gérard Philipe. Toujours obstinément, il affirme : « Je suis le premier Huster ! »

Je lui écris qu'il a bien de la chance et qu'il ne mérite pas cette comparaison : « Gérard Philipe était la grâce et l'ange. Toi, tu es le mystère et le démon. »

Il me téléphone pour me répondre : « Génial ! Tu as tout compris. » Et pan ! Dans ma tronche ! Et moi qui pensais l'atteindre ! Il est encore plus biscornu que je le croyais. Il doit en tout cas être atteint d'une maladie nouvelle : le nombrilisme ou... « l'hustérisme » !

Dans cette même période, il accepte de tourner pour le cinéma : *Je suis Pierre Rivière* de Christine Lapinska. Une participation éclatante. Il joue le rôle de l'avocat de Pierre Rivière. Pierre Rivière, c'est Jacques Spiesser, dans le rôle principal. Je me dis : tout de même, ce Francis, pour l'amitié, que ne ferait-il pas ? Mais j'apprends bien vite qu'il a demandé à ce que son nom sur l'affiche, soit suivi de la mention : « de la Comédie-Française ». Ce qui ne lui était jamais arrivé jusqu'alors et qu'il ne refera jamais... Pas même pour le suivant, en cette année de grande crise intérieure, où Jeanne Moreau lui demande de figurer dans la distribution du premier film qu'elle réalise : *Lumière*.

Jeanne Moreau est femme et actrice. Dans *Lumière*, elle raconte ce qu'elle connaît le mieux : la femme « femme » et la comédienne. A travers quatre femmes et quatre comédiennes : Lucia Bose, Francine Racette, Caroline Cartier, elle-même et les mecs : Huster, Francis Simon, et — comme par hasard — Jacques Spiesser.

Un film intimiste, un film « abat-jour », comme on dit dans la presse. Une chronique impressionniste. Une tranche de vie. Pour *Lumière*, Jeanne a laissé à Francis le choix du rôle masculin. Après lecture du manuscrit, il opte pour Thomas — cheveux longs, maladroit et petites lunettes.

En réalité, Jeanne n'est pas folle. Dans ce film d'émotions, il lui fallait d'excellents comédiens traversés par une vérité. Comme le lui a enseigné Peter Brook, jouer, pour Jeanne, n'est pas une profession. C'est une façon de vivre. Et, en ce qui concerne « la façon Huster », elle sait parfaitement que c'est le talent mis à sa disposition. Cela se sait, tout de même, qu'il est magnifique ! Au point qu'il pourrait même se dispenser de le dire.

Aussi, sur le plateau, elle modifie certaines scènes prévues. Elle en improvise d'autres. Elle ne « montre » pas. Elle ne « dirige » pas, elle « expose » la situation et, avant de dire « Moteur ! », elle demande à Francis : « Vous voudrez bien ajouter là quelques sentiments et quelques répliques de votre cru ? » Et comme Huster « voyage » dans ses « recherches »... Jeanne Moreau a de la chance. Elle va capter la vérité de Francis Huster.

Côté théâtre, en mars 1975, il joue Clitandre du *Misanthrope*, mis en scène par Jean-Luc Boutté et Catherine Hiegel et exclusivement joué sous le chapiteau des « Tréteaux de France » de Jean Danet.

En effet, la Comédie-Française est en travaux. Car Pierre Dux, avec son air de ne pas y toucher, remet chaque jour à l'heure les aiguilles d'une montre que le temps avait rouillées... Les statuts ayant été réformés, plus de dix-neuf mois seront nécessaires pour effacer, une à une, les rides de la Maison.

En avril, Francis est *Cinna*, au Petit-Odéon, mis en scène par Simon Eine.

Pierre Marcabru, en assistant à la représentation de la pièce, a-t-il ressenti, en Cinna, la solitude, le doute et la révolte d'Huster face à la vie ? Quoi qu'il en soit, il écrit dans *France-Soir* : « Cinna un conjuré ? Pas même, presque un enfant, à qui Francis Huster prête sa grâce fragile, incertitude et revirement... Désespoir, tendresse, timidité de l'homme, impuissance à choisir, amour trop lourd à porter, Huster est cette faiblesse déchirée... »

Cela me frappe ! Et le titre de l'article est : « Cinna, Corneille intime ». Pierre Marcabru aurait très bien pu titrer : « Cinna, Huster intime ».

En janvier, Francis joue : *Don Juan ou l'Amour de la Géométrie* de Max Frisch, mis en scène par Jean-Pierre Miquel, sur la scène de l'Odéon. Dans son désert privé, il n'est abandonné par personne. Pas même par la critique qui le suit pas à pas. Elle se fiche des états d'âme de l'homme. Elle pointe sur l'acteur son zoom personnel.

Dominique Jamet écrit dans *l'Aurore* : « ... le charme juvénile, la grâce, la voix incertaine de Francis Huster s'accordent à merveille au portrait que trace de son personnage l'auteur : "C'est presque un éphèbe... on se demandera toujours s'il est un homme..." Tant de grâce, comme un rayon de lune éclaire d'abord la pièce, l'allège, la prolonge... »

Pierre Marcabru écrit encore dans *France-Soir* : « *Don Juan* donne à Francis Huster, par je ne sais quel charme de la voix, quelle grâce fragile, un peu cruelle, l'occasion de nous rappeler l'ombre de Gérard Philipe. »

Georges Baelde, dans *Le Quotidien du Centre*, trouve Francis Huster « émouvant et drôle, frondeur et ingénu, avec une intensité poétique que nous rencontrions chez le seul Gérard Philipe. Que vous le trouviez affiché dans n'importe quel rôle, faites-lui confiance ».

Oui, dans cette infernale traversée d'un désordre intérieur, d'exigences et de fièvres personnelles, il est couronné par le succès. Il dit avoir peur de la mort et de la maladie. Dans la vie, il se met à ressembler à un petit chat écorché. Sur scène, il devient sadiquement beau. Beau à donner le frisson. Beau à faire rêver ou pleurer. Et du talent, il vous en met plein les yeux, il vous en rentre plein le corps. Mais, seulement quand il en a envie. Car, le comédien Huster, en cette période, peut très bien n'être pas disposé à vous offrir ce qu'il a de meilleur.

Il peut même vous donner le pire.

C'est d'ailleurs sûrement le pire que son metteur en scène, Jean-Pierre Miquel, a vu en rentrant ce soir-là, en cours de représentation, dans la salle de l'Odéon. Miquel n'est vraiment pas très satisfait de ce qu'il voit. Et, ce qu'il voit, il va lui dire, au jeune Huster, ce qu'il en pense, dans une lettre que le comédien trouve dans sa loge en fin de spectacle :

Dimanche 8 février — 18 h 30 —

Je viens de voir le IVe Acte de la salle. La façon dont tu l'as joué (?) frise le scandale : c'est absolument n'importe quoi, au mépris de tout : de la pièce, du personnage, du public, de la mise en scène. Je suis honteux et navré.

Je te prie de te reprendre et de ne pas saboter ainsi les représentations qui restent.

Merci.

Jean-Pierre M.

Quelques jours auparavant, je disais à ce même comédien, dans cette même loge : « Dis, dis-moi pourquoi les critiques ne te voient jamais mauvais comme je viens de te voir ce soir ? »

Il me sourit. C'est bon signe. Il se démaquille. Il me répond : « L'acteur est un homme comme les autres. On a menti sur les comédiens. Il y a l'acteur, c'est tout. Et c'est le même, ici, dans la rue, sur scène, c'est tout. »

Je dis : « Ah, bon. »

Il continue. Je vais peut-être comprendre. « La vérité, c'est bouleversant. C'est profondément humain. C'est nécessaire... »

Je dis : « Bien sûr. »

Mais il n'a pas fini : « Demain matin, je peux être mort, tu sais ? »

Je dis : « Oui, moi aussi. »

Il ajoute : « Les acteurs ne sont pas des étoiles, mais des arbres. »

Ou il a perdu ma question, ou il vient de me prouver qu'il n'est rien de plus qu'un arbre, dépendant des saisons, des vents, des cyclones, de la pluie ou du soleil... Amis ou assassins...

FRANCIS HUSTER, CLAUDE LELOUCH... DÉJÀ UNE AUTRE CHANCE.

Malgré les hauts et les bas, l'année 1976 est une bonne année pour Francis. Peut-être avait-il raison quand il m'a dit le « Je deviens », d'après-jogging.

Il devient au cinéma, le principal personnage masculin dans un film sur deux femmes — et quelles femmes ! — Catherine Deneuve et Anouk Aimée, dirigé par un homme. Et pas n'importe lequel puisqu'il s'agit de Claude Lelouch. C'est à l'occasion de : *Si c'était à refaire*. Personne n'oubliera le jeune instituteur aux petites lunettes rondes qui va faire tourner la plus jolie tête blonde du cinéma français sur les cimes du Mont-Blanc.

Lelouch-Huster : une rencontre importante, puisqu'ils se retrouveront souvent par la suite... Mais aussi parce que Lelouch est l'un des premiers à parfaitement comprendre Francis Huster. Autrement dit, à le prendre tel qu'il est. Le réalisateur dira plus tard : « Francis est comme le commun des mortels. Il a les qualités de ses défauts; c'est vous dire toutes les qualités qu'il peut avoir ! Totalement déséquilibré dans la vie, il est donc à même de tenir les plus beaux rôles d'homme en bonne santé du cinéma. Il fait partie de ces grands comédiens qui puisent leur talent dans leurs angoisses; l'aspect négatif de leur vie étant souvent à la base de leurs plus beaux rôles. Je connais peu de métiers qui demandent un tel investissement personnel...

... Huster est persuadé qu'il a du talent. Cela peut être agaçant et très mal reçu par certains. En ce qui me concerne, je trouve cela bouleversant. Huster a la volonté profonde de mettre toute sa vie au service de son métier. On n'a pas le droit de pénaliser la passion et, surtout, de la confondre avec la prétention. »

Leur rencontre deviendra, pour chacun, un événement, et la coïncidence de ces deux événements sera remarquable.

En 1976, il retrouve Nina Companeez. Elle lui confie également le principal rôle masculin d'un film dont les vedettes sont — encore — des femmes. (Je dis « encore », parce que je lis dans la presse que les comédiennes se plaignent du cinéma misogyne français... Et qu'Huster l'exceptionnel doit tomber dans les exceptions qui confirment la règle).

Avec *Comme sur des roulettes*, Nina Companeez change délibérément de ton. Elle aborde le burlesque avec une satire sur le monde foufou de la télévision. Pour cela, elle choisit une comédienne au comique populaire, Évelyne Buyle. Fermière dans la Creuse, fascinée par les mirages du petit écran elle abandonne, un jour, mari, veaux, vaches, cochons, pour « monter » à Paris, chaperonnée par sa mère (Mathé Souverbie) et tenter sa chance du côté des Buttes-Chaumont, en commençant par y faire le ménage...

C'est un divertissement cousin de la comédie musicale et, quoique préférant l'élégance de style, le certain goût de Nina Companeez pour la comédie légère comme *Colinot*, ou l'intrigue fraîche et romantique de *Faustine*, les situations burlesques de *Comme sur des roulettes* m'ont bien fait rire. Francis, dans le rôle de Juan est... impeccable. Mais le film ne fait pas progresser sa carrière cinématographique.

En février-mars 1976, la Comédie-Française présente au Théâtre de l'Odéon *La Nuit des Rois* de William Shakespeare — Adaptation : Jean-Louis Curtis. C'est le jeu savoureux de l'amour et du hasard, de l'ambiguïté des sexes... et de la « sagesse » des « fous ».

La distribution est brillante. Je la cite dans le désordre en commençant par Pierre Dux, dans le rôle de Malvolio. Georges Chamarat est Fabien. Denise Gence, Maria. Geneviève Casile, Olivia. Jacques Eysser, Sire Rotepose. Michel Etcheverry, Sire Tremblejoue. François Beaulieu, le Duc Orsino. Ludmila Mikaël, Viola. Et encore Louis Arbessier, Dominique Rozan, Philippe Rondest et Francis Huster, dans le rôle de Sébastien.

La critique n'est pas moins brillante. Et Huster — l'incompris — est comme toujours loué, apprécié, reconnu... Encore une fois, il se taille une part royale du gâteau, qu'il partage d'ailleurs avec son admirable partenaire, Ludmila Mikaël.

Je lis dans le *Quotidien de Paris* du 1er mars : « Ludmila Mikaël, d'un naturel merveilleux dans son travesti d'adolescent, apporte d'emblée à Viola l'auréole de sa grâce vraie, à quoi répond, si semblable d'apparence, son « jumeau » Francis Huster. Ils sont les princes graciles de cette *Nuit des Rois* où s'élève à l'aube, dans le silence encore profond, quelque chose de triste qu'il faut savoir entendre, ténu et strident, comme le chant d'une alouette. » C'est signé Matthieu Galey.

Le même jour, Dominique Jamet écrit dans *l'Aurore* : « Le charme ambigu de Francis Huster et la grâce de Ludmila Mikaël composent un face à face séduisant et, par moments, saisissant... »

Quant à Jacques-Pierre Amette, il écrit le 8 mars, dans *Le Point* : « ... Dans le chassé-croisé amoureux, Ludmila Mikaël et Francis Huster ont des impertinences juvéniles, des sautes d'émotions, des rapidités ombrageuses très attachantes... »

Mais en cette période, où personne ne remarque rien, je sais que toute l'attention de Francis, toute sa sensibilité sont cristallisées, tendues sur un projet.

Il erre dans les environs de la Comédie-Française, les nerfs à vif. Comme un enfant qui attend un beau cadeau. Pris souvent de vibrations intérieures, il me dit, comme s'il avait le regard pointé sur la coupole de la cathédrale de Florence :

— On les aura !

— Qui ?

— T'en fais pas, on les aura !

— Qui ?

Il me parle de Musset. Il m'explique que la Renaissance italienne a tout donné à l'Europe. « Un magnifique mouvement né de la volonté du peuple de Florence. » Je l'écoute. « La République florentine, c'était la plus grande expérience politique, jusqu'à la Révolution Française... Tu comprends ? Elle a ouvert les portes de la culture aux gens du peuple, et le peuple, lui, en retour a créé la ville. C'était une vraie république au sens athénien du terme. Une démocratie populaire qui réunissait les seigneurs et les ouvriers, les princes, les artisans et les marchands... »

Je souris. Je lui dis :

— Toi, je parie que tu pars pour Florence...

Et là, il a sur moi le geste fou de Lorenzaccio, assassinant le tyran. Il hurle voluptueusement :

— Non, en TU - NI - SIE !

LA NUIT ZEFFIRELLIENNE

Le 4 novembre 1976, Paris et TF1 célèbrent l'entrée de la Maison de Molière dans le XXIe siècle.

Après de longs mois de travaux, la Salle Richelieu rouvre ses portes, rénovée des coulisses au poulailler — d'ailleurs supprimé.

Talent et ingéniosité se sont donné rendez-vous pour concilier le modernisme des techniques théâtrales et le caractère traditionnel conçu sous le règne de la splendeur. Dux a su lui préserver son caractère unique. Son âme.

Construite — comme on le sait — en 1790 par Victor Louis, la Comédie-Française est dotée dès 1883, de l'éclairage au gaz. Rebâtie en 1900 après l'incendie qui la ravagea, modernisée en partie en 1935 et 1972, la Salle Richelieu entre cette fois, de plain-pied, dans l'an 2000.

Le nouvel orgue électronique comporte cent mémoires instantanées, 340 circuits, 28 kilomètres de fil. Dans la salle, une caméra TV permet à vingt récepteurs, installés dans tous les points importants de la Maison, de suivre le spectacle.

Dernier rêve de Pierre Dux : un studio de télévision où l'on enregistrerait sur cassettes le répertoire du Français, afin de l'offrir aux universités du monde entier... Mais ce rêve-là reste à réaliser.

Quoi qu'il en soit, ce 4 novembre, Valéry Giscard d'Estaing ne retrouve pas la loge présidentielle traditionnelle. Les deux loges d'avant-scène sont désormais réservées aux projecteurs. Oui, la technique a pris le pas sur le protocole. C'est un symbole, parmi tant d'autres, de l'évolution de notre première scène nationale. Le président de la République, accompagné de son épouse et de Françoise Giroud, s'installe dans la loge centrale, spécialement aménagée pour lui à la corbeille.

Sur scène, on débat vivement de politique, de république et de tyrannie, puisqu'on joue *Lorenzaccio*. Beauté, santé, éclats de la vie, cynisme, violence, cruauté d'une Renaissance où le bon vin est servi dans le même hannap d'or que le poison...

Napoléon III avait interdit que l'on représente cette pièce où « l'on discute du droit d'assassiner un souverain ». Aujourd'hui, bien sûr, Alfred de Musset ne fait pas peur à l'auteur de *Démocratie Française*.

Et puis aujourd'hui, ce n'est à vrai dire, ni la démocratie, ni Musset que l'on fête. C'est la Comédie-Française elle-même.

Mais le vrai visage du changement, ce ne sont pas les ordinateurs, la machinerie compliquée que le public ne voit pas, ce sont deux noms nouveaux dans la maison : Franco Zeffirelli pour la mise en scène et Claude Rich, qui prête sa frêle silhouette au « jeune homme vêtu de noir », ce « gredin » dont Musset écrit qu'il passait son temps « à des espiègleries d'écolier en vacances », ce « nouveau Brutus » devenu dévoyé, parce qu'à vingt ans il s'est juré, « dans les ruines du Colisée antique », qu'un des tyrans de sa patrie mourrait de sa main.

Oui, le beau cadeau est allé à Claude Rich. Claude Rich, l'œil rêveur, bleu, quarante-six ans, feu follet du théâtre, héros de Pinter, pris aux grâces du répertoire... Vingt ans après son second prix au Conservatoire, la Maison de Molière déroule sous ses pieds le tapis rouge des vedettes en lui offrant le plus grisant des rôles. Celui de Lorenzo de Médicis. Ce Lorenzaccio d'Alfred de Musset qui était destiné à Francis Huster...

Au printemps 76, chandail noir et col dégrafé, Franco Zeffirelli passe en revue toute la troupe du Français.

Pour la réouverture de la Maison, Pierre Dux a voulu faire appel à l'un des grands noms de la mise en scène italienne. Cinéma, opéra, théâtre, spécialiste de Shakespeare et de Verdi, ce Florentin de 53 ans est l'une des plus importantes personnalités du monde du spectacle. On lui avait d'ailleurs proposé de monter *Lorenzaccio* au National Theatre de Londres. Mais, quand Dux lui a offert le Français, il n'a pas hésité. C'est merveilleux pour lui de pouvoir utiliser la langue de Musset. Lorenzaccio et Franco Zeffirelli, c'est une vieille histoire d'amour. Elle dure depuis son adolescence. A seize ans, il a joué le rôle du duc Alexandre de Médicis. C'est peut-être pour cela qu'il va mettre tout son esprit, toute son ardeur au service de cette pièce. A commencer par la distribution.

Ils sont tous admirables... Tous d'excellents acteurs. Mais qui interprétera qui ? Il a envie d'en choisir certains d'emblée, mais il ne le fait pas, car il sait qu'il aura du mal à concilier leurs physiques... Il les regarde tous, un à un. Il les écoute et il se passe souvent la main sur le front, comme si ce simple geste allait lui permettre d'y voir plus clair. En vain.

Sa distribution, il va en décider là-bas... en Tunisie, où il est en train de tourner un téléfilm-fleuve de sept heures et demie : *Jésus de Nazareth* — Budget biblique de neuf millions de dollars !.

Lorsque Pierre Dux annonce à Francis que Zeffirelli désire le revoir, « là-bas », c'est le miracle. Aux yeux de Francis, Paris s'est transformé en une véritable fresque historique de la vie florentine.

Il prend l'avion, arrive à Tunis. Une journée de train en compagnie de « ce lendemain d'orgie ambulant », « cet être dévoyé et malfaisant », « ce Lorenzo qui fait le désespoir de sa mère, Marie Soderini ». Francis en oublie le paysage. S'il est devenu l'âme damnée du duc Alexandre de Médicis, c'est pour pouvoir l'abattre plus aisément... Si pour Zeffirelli, *Lorenzaccio* est une histoire d'amour qui dure depuis l'adolescence, pour Francis, c'est un rêve d'amour. Un rêve qu'il vit en compagnie de ce personnage ardu, aux multiples facettes parfois difficiles à concilier, mais fascinant.

Près de Monastir, Franco Zeffirelli a fait reconstruire le temple de Jérusalem.

C'est là que Francis débarque, en plein tournage. Perché en haut d'une grue, Zeffirelli filme Jésus avec les marchands du temple. Des milliers de figurants. Jusqu'à la tombée de la nuit, Francis reste là, à regarder, à admirer.

Il suit sagement les traces de l'Évangile...

« Tous les miracles de l'Évangile sont explicables. Ils résident en nous... » Voilà ce que lui dit Zeffirelli alors qu'ils rentrent à l'hôtel, à une vingtaine de kilomètres.

Ils pénètrent dans le hall et c'est l'émeute. Des centaines de personnes sont là, rassemblées. Des centaines de photographes, de micros tendus. Ils se sont déplacés du monde entier.

« Vous tombez le soir même de la conférence de presse », explique Zeffirelli à Francis. Conférence de presse où le Christ — Robert Powell — est présenté, saisissant de beauté, sorti tout vif d'une toile du Greco. Visage émacié, finement barbu. Il pose son regard poignant et transparent sur l'assemblée.

— C'est Dieu qui me l'a envoyé, affirme Zeffirelli d'un ton faussement désinvolte. J'étais désespéré. Sans Christ, je renonçais à *la Vie de Jésus*. Jésus enfant, je l'avais trouvé, naturellement. A cinq ans, tous les enfants sont des Jésus — ou presque. Et puis, un jour, après de nombreux et vains essais, au moment même ou j'allais abandonner, un acteur est venu, quasi inconnu, la trentaine, l'âge du Christ : un certain Robert Powell. Il avait des cheveux frisottés. Sa voix n'allait pas. Mais, dans le regard : une lumière. Et c'est cette lumière-là que je cherchais...

Et puis il y a aussi Marie, Olivia Hussey... Marie que l'on verra, sous la pluie diluvienne du Golgotha, étreindre le corps de son fils mort. Les journalistes la connaissent. C'est l'amoureuse de « Roméo » dont Zeffirelli fit à la fois un spectacle et un film célèbres...

Francis attend. Il est vrai qu'il attend depuis des jours, maintenant. Depuis qu'il sait qu'il va rencontrer Zeffirelli. Et voilà qu'il assiste à la résurrection de Jésus ! Le corps absent... le tombeau... la pierre... et tout ce qui se passe autour. Un « certain mystère ».

Dans la chambre de Zeffirelli, Francis va terminer sa nuit éveillé. Éveillé comme par le fracas d'un orage.

Dehors, le silence est évangélique. Dedans, le metteur en scène est un authentique rebelle. Un rebelle qui déploie ses plans d'attaque. Il a déjà beaucoup travaillé pour l'ouverture de la Comédie-Française... Pour le décor de *Lorenzaccio*, Franco fait reconstituer, par Gianni Quaranta, la façade du Palazzo Vecchio. Il montre les maquettes à Francis. Il exige une vérité absolue. Le moindre frisson de la pierre est authentique. On pourra même, à la jumelle, remarquer le dessin au burin que Michel-Ange a gravé à mi-hauteur du linteau. Et les quelques trente-trois tableaux du drame s'enchaîneront sans autre interruption que l'entracte.

Élisabéthain de tempérament, Zeffirelli veut cependant que *Lorenzaccio* inaugure les techniques de pointe actuelles de la mise en scène. N'oublions pas que le répertoire élisabéthain était joué en plein air, à la lumière du jour, parce qu'on ne disposait pas d'autres ressources d'éclairage. Les costumes étaient sommaires et la décoration inexistante. L'émotion alors, était purement verbale. On ne montrait rien, ni le soleil, ni la pluie.

« Avec Musset, explique Zeffirelli, le spectacle va réclamer toute une magie visuelle favorisée par le mouvement des lustres, le changement à vue des toiles peintes, l'utilisation de l'étoffe, des bijoux, des armures... » Il étale tout, là, devant Huster, ses plans. Ses idées. Il ne lui cache rien de son projet, ni de la dimension immense qu'il veut lui donner.

Francis écoute cet homme. Il observe son visage, poupin et aigu à la fois, aux traits extraordinairement mobiles. Un visage d'enfant aux cheveux courts dont les mèches blondes ombrent les yeux pâles. Franco Zeffirelli est le portrait même d'Hamlet, tel que permettent de l'imaginer trois siècles de théâtre. Et comme il y a beaucoup du héros de Shakespeare dans *Lorenzaccio*, ils vont l'évoquer sans cesse, en parlant de Musset et de sa pièce.

Zeffirelli s'attache surtout à la psychologie des personnages. Au XVe siècle, à Florence, où seuls étaient en présence la noblesse et le peuple, la vulgarité n'existait pas. Alexandre de Médicis était un tyran, certes, mais un tyran au charme et à l'élégance irrésistibles.

« Il est donc logique, dit Zeffirelli, qu'il ait pu séduire tant de femmes, y compris la marquise Cibo. C'est de ce charme nocif, pervers, que Lorenzo veut débarrasser sa ville. Il le hait, mais il est séduit aussi... Il veut être bourreau, mais il ne sait pas résister à la tentation de devenir victime... Les choses auraient été plus simples avec Caligula... Lorenzo, pour atteindre la pureté, s'avilit volontairement et donne libre cours à sa fausseté, sa lâcheté, sa luxure, sachant qu'il trouvera sa rédemption dans un acte unique : l'assassinat de son souverain... »

— Voulez-vous que j'enlève mes lunettes et que je vous joue une scène ? lui demande Francis (il est venu pour ça, non ?)

Zeffirelli l'arrête dans un demi-sourire :

— Non, non... inutile. Je ne veux pas. Tu es fait pour jouer Lorenzo. Et avec Jean-Luc Boutté dans le rôle d'Alexandre, vous formeriez un très bon couple.

Mais il y a un « si »...

— Si Pierre Dux accepte de jouer le rôle de Strozzi (le seul personnage de la pièce en qui Lorenzo a toujours confiance).

Francis reprend le train. Et l'avion. Il est de retour à Paris. Négligeant le « si ». Enchanté. Il s'empresse de téléphoner à Pierre Dux pour lui confirmer que Zeffirelli le désigne pour interpréter le héros de Musset, à la condition, bien sûr, que...

Dux — qui vient cependant de jouer sur scène le personnage de Malvolio dans *La Nuit des Rois* — va le décevoir :

— Ne vous emballez pas, Francis, rien n'est joué. Il n'est pas dit que j'accepte le rôle de Strozzi. Et si ce n'est pas moi, ce sera Louis Seigner.

Mais Zeffirelli trouve que Louis Seigner et Francis Huster forment un duo totalement inconciliable.

L'élan de cœur d'Huster va être complètement brisé quelques jours plus tard, lorsque Pierre Dux lui apprend que Claude Rich entrera au Français, comme pensionnaire, pour interpréter le rôle de Lorenzaccio aux côtés de Jean-Luc Boutté et Louis Seigner. Dux prétexte qu'il a trop de travail pour cette réouverture qu'il veut brillante. Il n'a pas le temps de faire en plus partie de la distribution de *Lorenzaccio*. Francis, quant à lui, hérite du personnage de Tebaldeo. Un rôle très court. Dux lui demande cependant de prouver, à travers ce petit rôle, qu'il est le grand acteur que l'on connaît... Il lui dit encore d'en profiter pour montrer toute l'âme et la poésie de Musset...

« La poésie, mon cul ! » Voilà ce que pense Francis qui n'écoute plus. Il reste immobile. Prostré.

Sur le plateau de la Comédie-Française, Zeffirelli va diriger ses acteurs en souplesse et dans la bonne humeur. Répétitions prises en « sandwich » entre le tournage de *Jésus de Nazareth* en Tunisie, puis au Maroc... et la mise en scène d'un *Othello* pour la Scala de Milan.

Francis a cependant tenu à dire au Maître : « Vous vous êtes trompé ! » Non pas parce que Claude Rich joue Lorenzo à sa place, mais parce qu'il pense qu'il pouvait tout aussi bien jouer Lorenzo à la place de Claude Rich et face à Louis Seigner. Souffrance, orgueil en miettes... Il devient invivable.

Zeffirelli lui avouera plus tard dans une lettre :

Cher Francis, j'ai finalement vu le recording de Lorenzaccio avec ton interprétation. Tu es vraiment superbe. Je suis heureux d'admettre que, quelquefois (pas trop souvent), je fais des bêtises, moi aussi. Quelle joie de voir un jeune acteur comme toi. A bientôt, j'espère...

Franco.

Franco Zeffirelli, qui n'aura jamais dirigé Huster en Lorenzaccio.

Et puis, ce sacré destin qu'Huster provoque toujours...

Vers la mi-novembre, un samedi après-midi, en matinée classique, une surprise : c'est Francis Huster qui tient le rôle et non pas Claude Rich. Un rôle épuisant, qui est désormais joué en alternance.

Cet exploit va faire l'admiration de toute une troupe. Michel Etcheverry, qui interprète le rôle du Cardinal, lui écrit :

Cher Francis,
Un grand Merde pour Tebaldeo, pour Lorenzo; pour ce que vous faites et ce que vous êtes, un grand bravo.
Je vous embrasse.
Michel ETCHEVERRY

Geneviève Casile, juste avant qu'il n'entre pour la première fois dans les vêtements du « jeune homme vêtu de noir », lui adresse quelques mots d'encouragement :

T'embrasse
te dis
Merde
très fort.
G. CASILE

Quant à la presse, elle compare les deux interprétations :

« On ne peut aller plus loin que Claude Rich dans le machiavélisme et la tendresse. Mais Francis Huster, bien qu'il n'ait jamais vu, et pour cause, étant donné sa jeunesse, Gérard Philipe, se rapproche de lui d'une façon troublante par son physique, par le timbre de sa voix, et par la fougue. Il n'a jamais répété avec le metteur en scène Zeffirelli. Il s'est donc jeté dans l'action avec pour seul viatique l'admiration qu'il porte aux héros et une sincérité émouvante. Douze rappels l'ont récompensé et l'enthousiasme de la jeune salle, sensible aussi à la splendeur du spectacle. »

Jacqueline Cartier écrit avec émerveillement ce qu'elle a vu.

C'est un très beau cadeau, il est vrai, que le Français a fait à Claude Rich et il a excellemment rempli son contrat. Mais il est resté au seuil d'une liaison qui ne s'est pas terminée par un mariage.

Quant à Huster, il relève la tête. Quand il sort de scène, il n'est plus tout à fait Lorenzo. Par certains côtés, il ferait penser à Bonaparte.

Quand l'année se termine, c'est l'apothéose, Francis Huster reçoit une lettre de son administrateur :

Mon cher Francis,

Je suis heureux de vous annoncer que le comité a décidé de proposer à l'assemblée générale votre nomination au sociétariat.

Bravo, Francis. Je vous félicite et vous embrasse.

Pierre Dux

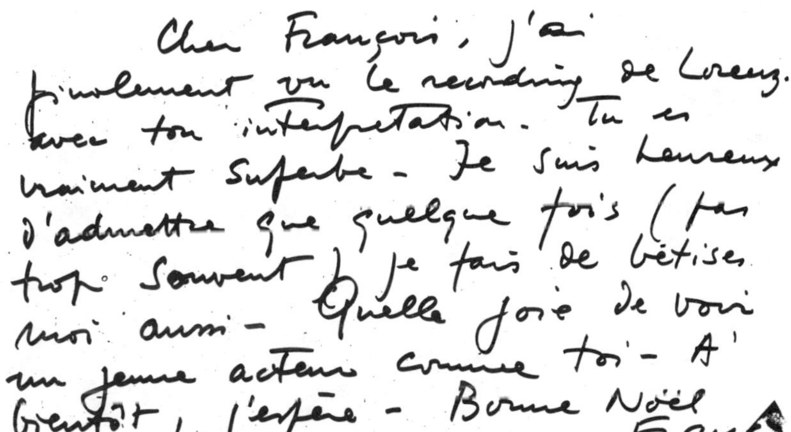
Cher François, j'ai finalement vu le recording de Lorenz. avec ton interprétation. Tu es vraiment superbe - Je suis heureux d'admettre que quelque fois (pas trop souvent) je fais de bêtises moi aussi - Quelle joie de voir un jeune acteur comme toi - A bientôt, j'espère - Bonne Noël

COMÉDIE FRANÇAISE
1680

Adresse codifiée :
B. P. 266
75021 PARIS CEDEX 01

9. XI. 76

Cher Francis

un grand merci pour Tebaldeo, pour Lorenzo ; pour ce que vous faites et ce que vous êtes, un grand bravo.

Je vous embrasse

Michel Etcheverry

COMÉDIE FRANÇAISE
1680

Adresse codifiée :
B. P. 266
75021 PARIS CEDEX 01

t'embrasse
te dis
merde
très fort

G. Casile

COMÉDIE FRANÇAISE
1680

L'ADMINISTRATEUR GÉNÉRAL

le 12 décembre 1976

Mon cher Francis

Je suis heureux de vous annoncer que le comité a décidé de proposer à l'assemblée générale votre nomination au sociétariat.

Bravo, Francis. Je vous félicite et vous embrasse

Pierre Dux

COMÉDIE FRANÇAISE 1680

L'ADMINISTRATEUR GÉNÉRAL

Paris, le 3 Janvier 1977

Mon cher Sociétaire,

J'ai le plaisir de vous remettre, ci-joint, copie de l'arrêté pris par Madame le Secrétaire d'Etat à la Culture vous nommant Sociétaire à dater du Ier Janvier 1977.

Notre notaire, Me Lesguillier, vous convoquera prochainement pour la signature de l'acte de Société.

Je vous renouvelle mes félicitations et vous prie de croire, mon cher Sociétaire, en l'assurance de mes sentiments les meilleurs.

Pierre Dux

Pierre DUX

à Monsieur Francis HUSTER

P.J. photocopie de l'arrêté

SECRETARIAT D'ETAT A LA CULTURE

République Française

210

ARRÊTÉ

Le Secrétaire d'Etat à la Culture,

VU l'acte de société des Comédiens Français en date du 27 germinal, an XII ;

VU les décrets des 15 octobre 1812 et 27 avril 1850, ensemble les décrets qui les ont modifiés et complétés ;

VU le décret du 27 février 1946, ensemble les décrets qui l'ont modifié, et notamment les décrets des 18 novembre 1959 et 18 juin 1960 ;

VU l'avis du Comité d'Administration et de l'Assemblée Générale des sociétaires et la proposition de l'Administrateur de la Comédie-Française ;

ARRETE

M. Francis HUSTER, pensionnaire de la Comédie-Française, e. nommé sociétaire à dater du 1er janvier 1977.

M. Francis HUSTER recevra trois douzièmes de part sociale.

Fait à PARIS, le 30 DEC 1976

Françoise GIROUD

UN AUTRE HOMME... LORENZACCIO

Quand Francis dit : « Il faut bannir l'image du romantique, cheveux au vent, enveloppé dans une grande cape. Le romantisme vivant, c'est la recherche de soi dans le travail. »... Il parle de lui, car c'est lui, le romantique. Et on a peine à croire que ce romantique va pouvoir réaliser tous ses projets en douze mois ! C'est fou. Il est fou, complètement fou. Mais il gagne. Partout.

Il engage une course folle de Paris à Hollywood (pour suivre Lelouch), de Hollywood à Paris (pour réintégrer la Maison), de Paris à Athènes (comme quoi le Français mène à tout), d'Athènes à Paris, de Paris à Carcassonne (parce que le Festival le réclame).

Cinéma, théâtre, télévision... Il commence, le 1er janvier 1977, par être nommé SOCIÉTAIRE DANS LA MAISON DE MOLIÈRE (Francis, pas étonné du tout, vous dira que c'était prévu dans ses astres !). Mais, à cette date, il est au Far West.

Pourquoi ? Parce que Lelouch rêvait, depuis sa plus tendre

enfance, de réaliser un film 100 % américain. Alors, en souvenir de ces stars qu'il a adorées — Garbo, Tarzan, Bogart, Marilyn... — il est allé tourner là-bas, en amenant avec lui « un produit » bien français : Francis Huster.

Le nouveau film de Lelouch est un épisode de la *Ruée vers l'Ouest*, dont deux Français sont les héros. Lui, c'est Huster. Elle, c'est Geneviève Bujold. Il est son mari. Fantasque, attachant, attendrissant, d'un humour « qu'on ne peut oublier » et qui se sert admirablement de sa myopie naturelle. Elle est saine, belle et naturelle. Un beau couple d'émigrés. « L'autre », c'est James Caan, celui qui prendra le relais du mari, après sa mort, le futur époux américain, avec la désinvolture qui caractérise les gens de là-bas.

Un film qui rime avec le mot « amour ». Comme depuis son premier long métrage que Lelouch intitulait *L'amour avec des si...*, en passant par *Un homme et une femme...* mais avec, en prime, les grands espaces, les chevaux, les colts, les bons et les méchants.

Pour la première de *Un autre homme, une autre chance*, Lelouch a voulu un grand gala « hollywoodien » à Paris. Un gala comme on n'en fait plus.

Le mercredi 28 septembre 1977, bien avant 20 h 30, heure prévue pour le début du film, le directeur de *France-Soir*, Paul Winkler, et Georges Cravenne, organisateur de la soirée, accueillent, dans le hall du Gaumont-Colisée, les premiers arrivants, annoncés dans la bonne humeur par Stéphane Collaro. En rangs serrés, faisant bloc autour du réalisateur fétiche et de la vedette féminine du jour — Geneviève Bujold —, les vedettes des succès passés : Anouk Aimée (*Un homme et une femme*), Annie Girardot (*Vivre pour vivre*), Michèle Morgan (*Le chat et la souris*), Lino Ventura (*La bonne année*), Catherine Deneuve (*Si c'était à refaire*)... Puis, pêle-mêle : Nicole Calfan, Marie-France Pisier, Marie Dubois, Simone Renant, Guy Marchand, Richard Antony, Marcel Amont, Suzy Delair, Guy Lux, Michèle Mercier avec son chevalier servant Jacques Chazot. Le Tout-Paris, quoi !

Enfin, le bataillon serré des metteurs en scène : Yves Boisset, Gérard Oury, René Clément, Philippe de Broca, Claude Sautet, Henri Verneuil, Jean Delannoy... bien d'autres encore et non des moindres.

Le grand absent de la soirée, c'est Francis Huster.

Selon les journaux, Francis est désespéré — pour une fois — d'avoir à jouer *Lorenzaccio* sur la scène du Français.

En effet, bientôt, ce sera aussi une grande première, pour la Comédie-Française. Le spectacle va être diffusé en Eurovision. Autrement dit, en direct. En une seule représentation, « Lorenzaccio » sera suivi par 220 millions de téléspectateurs. Oui, décidément, le 6 octobre 1977 sera pour Francis Huster et la Comédie-Française une date historique.

Étrange aventure que celle de Lorenzaccio et de Francis Huster ! Aussi étrange que celle de Francis et la Maison de Molière.

Est-ce vraiment par hasard que Pierre Dux a choisi cette date pour l'Eurovision ? Claude Rich est rentré chez Molière *pour Lorenzaccio*. Il n'y restera qu'un an. Jusqu'à aujourd'hui. « Un Lorenzaccio trop Rich... » a écrit un critique. Mais le personnage est assez complexe pour permettre de multiples interprétations... Et puis, les caméras de télévisions n'épargnant rien, vu son âge, Francis Huster sera plus crédible !

Mais Huster est seul, face à ce rôle. Il le cherche. Il le fouille. L'œil de la caméra sera sans indulgence. Il le sait. Sur son visage lisse, elle captera la moindre des ombres, le moindre des frémissements... Lui qui n'a reçu aucune indication pour le rôle ! Un conseil cependant. Un seul conseil venant de Zeffirelli à qui il a téléphoné...

Zeffirelli, redoutant le pire, malgré l'intelligence d'Huster, lui a dit : « Pense que tu es à la fois colombe et tigre. » Précieux tout de même pour Francis ! Il y ajoutera un peu de serpent, c'est tout et c'est beaucoup.

Et ce jeune homme, qui tel Lorenzo, a une connaissance de l'âme humaine que possèdent peu de vieillards, va se « placer », se mettre en scène chaque soir, face à ses partenaires qui s'en tiennent strictement aux indications de Zeffirelli. Louis Seigner est là. Il est Strozzi. Huster va prouver que le réalisateur italien s'est trompé.

Francis répète donc son rôle en public. Il se fait une nouvelle tête. Il a sacrifié sa tignasse, parce qu'il a vu sur la médaille gravée par Benvenuto Cellini, que Lorenzo était coiffé à la romaine.

De représentation en représentation, Francis se transforme. Au point qu'il n'y a pas un Lorenzo plus adapté à la mise en scène de Zeffirelli. Comment ce dernier n'a-t-il pas imaginé un instant ce que deviendrait Huster lorsque Louis Seigner, le vieux Strozzi l'appellerait « Mon Brutus » ? Oui, dans la grande scène du IIIe Acte, Louis Seigner rajeunit de réplique en réplique. Et il se fait plus ardent à la fois... Tandis qu'Huster s'enfonce dans une vieillesse profonde...

Pour l'Eurovision, il doit ressusciter le vrai Lorenzo ! Mais le drame de Musset est d'une parfaite exactitude historique; aussi, découvre-t-il chaque jour des mystères dont les raisons étaient jusqu'alors inconnues, ou secrètes. Il cherche. Il dérange. Forcément.

Un soir, à la stupéfaction des comédiens, le « pâle enfant vêtu de noir » apparaît en scène à moitié nu. Il a abandonné en coulisses son costume confectionné sur mesure par Marcel Escuffier. Au sein de ce drame historique et politique, l'atmosphère est plus tendue qu'à l'accoutumée...

Cela n'empêche pas les ovations de la salle qui découvre, ce soir-là, un héros romantique dénudé, certes, mais tellement pathétique... Car sa nudité fragile et inoffensive le rend plus rusé et plus dangereux... peut-être.

Quoi qu'il en soit, dans les coulisses du Français, c'est la goutte d'eau qui fait déborder le vase ! Les comédiens sont ulcérés. Les uns jugent qu'Huster en rajoute beaucoup trop. Le héros de Musset est déjà assez complexe comme ça ! Pour les autres, il le fait exprès. « Une revanche, à sa manière ». Pour d'autres encore, Huster est devenu plus machiavélique que Lorenzo. A moins qu'il soit fou à lier, tout simplement !

Et dire qu'il n'a même pas pris froid !

Ce même soir, après la représentation, dans la loge « Rachel » qu'il partage avec Jean-Luc Boutté, on croirait une répétition du

IIIe Acte, quand Lorenzo se bat avec son domestique, en hurlant, pour habituer les voisins au vacarme qu'il craint provoquer lors du meurtre du Duc. Mais là, c'est le Duc lui-même qui a envie d'assassiner Lorenzo.

Avec son profil carnassier, son œil vert superbement intemporel, Boutté est devenu menaçant. Il est excédé. Il n'a pas épargné son partenaire.

Une « crise », qui, pour Francis, n'est qu'une dépression romantique !

Le lendemain, il découvrira dans sa boîte, une lettre de Jean-Luc Boutté. Plus sentimentale.

Mon cher Francis,

Ce petit mot afin qu'il n'y ait pas la moindre confusion sur hier, et pardon d'y revenir.

Qu'il soit clair qu'en aucun cas je n'ai voulu te blesser, j'ai trop d'affection pour toi et trop de respect pour ce que tu fais, ou ce que fait quiconque pour agir ainsi. Mais il me semble plus sain de dire les choses en face quand on les pense, plutôt que de les traîner des jours, voire des semaines pour finir par des années, dans le dos des gens : c'est ce dernier procédé que je trouve abject et qui a détruit plus d'un individu dans cette maison. Je n'ai pas non plus la prétention de te donner des leçons. J'ai réagi de façon épidermique à quelque chose qui ne me semblait pas juste, c'est tout.

Tu as des qualités, énormément de qualités, notamment celle extraordinaire de pouvoir réinventer la moindre chose tous les soirs, ou la changer, pourquoi pas, mais il ne faut pas perdre de vue l'essentiel qui est le plus important pour le spectateur, il faut et ce n'est pas facile, toujours essayer d'être humble en face de la situation.

Bien sûr qu'il est tentant, quand on connaît son métier d'acteur, sa technique d'acteur, de l'éprouver sans cesse, mais on ne se méfie jamais assez de ses qualités.

Plus un comédien est bon, plus il est guetté par de multiples dangers, tu le sais.

Je pense que tu ne m'en voudras pas d'avoir fait cela, j'ose encore penser qu'il est possible de te dire des choses — d'autant plus que c'est avec beaucoup d'affection et de respect pour toi que j'agis — je te le redis. C'est comme cela que je conçois la troupe.

J'ai beaucoup de plaisir à jouer Lorenzaccio avec toi, je te l'ai dit et te le redis.

A tout à l'heure
Jean-Luc Boutté.

Francis n'est pas rancunier. Ils se feront la bise. Terminé.

Quant à Pierre Dux... Il a craint le scandale. Il connaît Francis. Il sait que ce n'est pas le moment de le sermonner. Il sait qu'il cst à fleur de peau. Il va simplement l'éviter.

Mais Francis souffre. Francis aime Pierre Dux. Son silence l'obsède, bien plus que les insultes de Boutté ou les réflexions de ses amis de travail. Il se sent isolé. Comme puni. Rejeté par celui même qui a tant fait pour lui... Non, il ne le supporte pas. Il le lui écrit. En attendant la réponse, il se tient « sagement » sur scène et... habillé !

Dux lui répond quelques jours plus tard, le 27 septembre.

Mon cher Francis,

Votre petit mot m'a fait plaisir. Il est très gentil. Et je vais mal répondre à cette gentillesse en vous avouant que si je ne vous ai pas vu l'autre soir, après Lorenzaccio, *c'est parce que j'étais déçu.*

Vous avez été excellent dans ce rôle. Mais l'autre soir vous faisiez un peu n'importe quoi. S'abandonner à l'inspiration n'est possible que dans des limites assez étroites parmi lesquelles celles qu'impose la mise en place. En faisant ce qui vous passe par la tête, vous pouvez être bon une fois sur deux, mais une fois sur deux vous risquez d'être « à côté », ce qui était le cas l'autre soir.

Je crois que tout ce que je vous dis là est inutile et ne changera rien à vos habitudes. C'est pourquoi j'avais choisi le silence. Mais puisque votre gentillesse m'oblige à le rompre, je ne puis que vous dire ce que je pense. Ce qui m'amène aussi à vous féliciter pour l'excellent article de Télé-Magazine *et à vous dire ma joie de vous savoir heureux dans une Comédie-Française que vous aimez.*

Je vous embrasse
Pierre Dux

Il n'en faut pas plus. Francis est heureux. Il va pouvoir affronter le monde entier. En Eurovision.

Le jour J est arrivé.

A 20 h 35 très précisément, la Comédie-Française va envoyer, en direct, les trois coups dans des millions de foyers.

A 20 h 15, Francis sort d'un cinéma des boulevards, où il a vu un film de Belmondo.

Dix minutes plus tard, il est dans sa loge.

Il se maquille lui-même.

Il devient pâle, très pâle. Le maquillage, pas le trac.

Quelques minutes plus tard, c'est Lorenzo qui descend lentement pour rejoindre les coulisses et les fastes dorés et vénéneux de la Florence des Médicis.

Devant mon récepteur, je tremble pour lui. Tout en sachant qu'il n'a pas peur. Puisqu'il s'est complètement dédoublé. Je n'ai plus vu Huster.

Ce que j'ai vu : Lorenzo. Du grand art. Prodigieux dans ses plus imperceptibles mouvements. Blafard, dépravé et vertueux. Il a noyé sa propre angoisse dans l'extrême tension nerveuse qu'exige le rôle.

Je doute qu'il n'y ait eu ce soir-là, une intervention surnaturelle, tant Huster s'est surpassé.

Je suis certain que Musset dirait à Francis : « Génial ». Je le dis pour Musset. Tant pis.

Dès le lendemain, *Le Monde, Le Figaro, France-Soir*, tous les autres quotidiens, vont faire l'éloge de ce « comédien d'une étonnante sensibilité », « pâle Lorenzo trébuchant », « chien errant, portant le drame à sa vraie dimension... », « Funambule allant vers la mort en zigzag, promeneur solitaire dans cette Florence de théâtre... » Oui, il fallait « tout le talent de Francis Huster et la prestance de Jean-Luc Boutté pour émerger de ce tableau de maître et laisser à cette pièce toute son intensité dramatique. »

A partir de ce moment-là, Francis Huster devient, pour le public, l'Enfant Chéri du Français.

Cette victoire ne le rend pas plus « modeste », loin de là ! Mais, j'affirme qu'il n'aurait pas le droit de l'être. Il est déjà, le numéro un de la Comédie-Française. Ce n'est plus « un espoir ». C'est le meilleur.

Génial !

COMÉDIE FRANÇAISE
1680

Adresse Codifiée :
B. P. 266
75021 PARIS CEDEX 01

Mon cher Francis,

Ce petit mot afin qu'il n'y ait pas la moindre confusion sur hier, et pardon d'y revenir –

Qu'il soit clair qu'en aucun cas je n'ai voulu te blesser, j'ai trop d'affection pour toi et top de respect pour ce que tu fais, ou ce que fait quiconque pour agir ainsi ; mais il me semble plus sain de dire les choses en face quand on les pense plutôt que de les traîner des jours, voire des semaines pour finir par des années dans le dos des gens : c'est ce dernier procédé que je trouve abjecte – qui a détruit plus d'un individu dans cette maison – Je n'ai pas non plus

Boite Postale N° 266-01 - 75021 PARIS CEDEX 01 - Télégr. : COMÉDIFRANÇAISE-75-PARIS - C.C.P. PARIS 1998 43
Administration : Place Colette, 75001 PARIS - Tél. : (1) 296-10-24 - Location (1) 296-10-20
I.N.S.E.E. 880-75-101-E-051 - N° SIRÈNE 302-977-145-000 10

la prétention de te donner des leçons -
J'ai réagi de façon épidermique à quelque chose qui ne me semblait pas juste, c'est tout -

Tu as des qualités, énormément de qualités, notamment, celle extraordinaire de pouvoir réinventer la moindre chose tous les soirs, ou la changer, pourquoi pas, mais il ne faut pas perdre de vue l'essentiel qui est le plus important pour le spectateur, il faut, et ce n'est pas facile, toujours essayer d'être humble en face de la situation -
Bien sûr qu'il est tentant quand on connait son métier d'acteur, sa technique d'acteur de l'éprouver sans cesse, mais on ne <u>se méfie jamais assez de ses qualités</u> -

Plus un comédien est bon plus il est guetté par de multiples dangers, tu le sais -

Je peux que tu ne m'en voudras pas

COMÉDIE FRANÇAISE 1680

Adresse Codifiée :
B. P. 266
75021 PARIS CEDEX 01

d'avoir fait cela, j'ose encore penser qu'il est possible de te dire des choses — d'autant plus que c'est avec beaucoup d'affection et de respect pour toi que j'agis — je te le redis — c'est comme cela que je conçois la troupe —

J'ai beaucoup de plaisir à jouer Lorenzaccio avec toi je te l'ai dit et te le redis

À tout à l'heure.

Jean-Luc Boutté —

Boite Postale N° 266-01 - 75021 PARIS CEDEX 01 - Télégr. : COMÉDIFRANÇAISE-75-PARIS - C.C.P. PARIS 1998 43
Administration : Place Colette, 75001 PARIS - Tél. : (1) 296-10-24 - Location (1) 296-10-20
I.N.S.E.E. 880-75-101-E-051 - N° SIRÈNE 302-977-145-000 10

COMÉDIE FRANÇAISE
1680

L'ADMINISTRATEUR GÉNÉRAL

Le 27 septembre 1977

Mon cher Francis

Votre petit mot m'a fait plaisir. Il est très gentil. Et je vais mal répondre à cette gentillesse en vous avouant que si je ne vous ai pas vu l'autre soir après Lorenzaccio c'est parce que j'étais déçu.

Vous avez été excellent dans ce rôle. Mais l'autre soir vous faisiez un peu n'importe quoi. S'abandonner à l'inspiration n'est possible que dans des limites assez étroites parmi lesquelles celles qu'impose la mise en place. En faisant ce qui vous passe par la tête vous pouvez être bon une fois sur deux mais une fois sur deux vous risquez d'être "à côté", ce qui était le cas l'autre soir.

Je crois que tout ce que je vous dis là est inutile et ne changera rien à vos habitudes. C'est pourquoi

COMÉDIE FRANÇAISE
1680

L'ADMINISTRATEUR GÉNÉRAL

j'avais choisi le silence. Mais puisque votre gentillesse m'oblige à le rompre je ne fais que vous dire ce que je pense. Ce qui m'amène aussi à vous féliciter pour l'excellent article de Télé magazine et à vous dire ma joie de vous savoir heureux dans une Comédie Française que vous aimez.

Je vous embrasse

Pierre Dux

— MÉFIEZ-VOUS DES DIEUX —
FRANCIS HUSTER, LE CID, CACOYANNIS...

Souvent Huster a soupiré, en faisant des projets, des « Tais-toi, on les aura », ou « Mon Dieu, pourvu qu'ça marche ! »

Et moi, un jour, je lui ai demandé :

— Tu crois en Dieu ?

Il m'a répondu :

— Oui. Puisque Dieu croit en moi.

Dieu l'a donc privilégié en cette année 1977.

Promu « New French Star » à la une des magazines américains, avec le film de Lelouch *Un autre homme, une autre chance*, il a donné, en plus, un échantillon magistral de son talent grâce à l'Eurovision. Et entre-temps, il trouve encore le temps de se tailler quelques succès diablement bien attachés à sa personne. Car — c'est prévu — il sera un Dieu, n'en doutons pas !

PREMIER PETIT FLASH-BACK :

Février 1976.

A l'Odéon, la sœur de Michel Cacoyannis tombe amoureuse du *Sébastien* de *La Nuit des Rois*. « Il porte en lui un charme » dit-elle à une amie. (Traduisez : « un charme grec »).

L'enchantement va se fixer pour longtemps dans sa mémoire.

DEUXIÈME PETIT FLASH-BACK :

Juillet 1976.

Claude Baignères titre, dans *Le Figaro* : « 25 ans après Vilar, LE CID RÉINVENTÉ POUR LE FESTIVAL DE CARCASSONNE. »

« La responsabilité du spectacle a été confiée à Francis Huster dans le rôle de Rodrigue »... Mais on va beaucoup plus parler de la mise en scène que de la performance Huster.

« Il a réalisé une mise en scène qui s'inscrit sur toute l'envergure de l'immense plateau, ce qui ne va pas sans quelques « sprints » étourdissants. Il a déployé dans le rôle-titre un lyrisme, une rigueur, une authenticité... Le drame est mis à la portée de tous, sans perdre un pouce d'altitude. Je défie le spectateur le plus blasé de ne pas être ému. Il faudra désormais compter avec le souvenir de Carcassonne. »

Pendant ce temps, Pierre Dux a réussi à attirer le grand Michel Cacoyannis. On le connaît en France grâce à ses films *Zorba le Grec* ou *Electre*. Mais l'administrateur attend de lui qu'il nous restitue Euripide à l'état pur. Pour réactualiser la tragédie antique. Pour célébrer la permanence du destin. Tout ça sur la scène de la Comédie-Française.

C'est là aussi que Cacoyannis, qui a l'habitude de parcourir inlassablement le monde, pour essayer de retrouver, dans chaque pays, la « vérité » d'Euripide, vient choisir la future distribution de ses *Bacchantes*.

Comme un « colonel », il passe la troupe en revue. Bien qu'il soit sans illusion sur l'humanité, il déborde de chaleur humaine. Il essaie de « sonder » les comédiens, il évalue leurs « richesses », il prend des notes...

Michel Cacoyannis est grec. Doublement grec, puisque né à

Chypre, île frontière où la civilisation hellène monte une garde sourcilleuse. Il pense sincèrement que, depuis 2500 ans, la Grèce ne possède qu'une seule arme. La plus redoutable d'entre toutes. L'arme absolue : l'art. Il en est aujourd'hui le champion. Un champion exigeant. Il n'est pas question de trahir l'âme de la tragédie. Les acteurs, selon lui, en portent inconsciemment le message.

Lui-même était acteur et, s'il est devenu metteur en scène, spécialiste de la dramaturgie antique, c'est « essentiellement pour interdire aux comédiens d'interpréter des rôles qui ne sont pas dans leur nature profonde ».

De retour à Athènes, le pessimisme s'empare de lui. Sa distribution est incomplète. Il manque, pour son drame, le personnage central de Dionysos. Ce jeune homme aux cheveux longs que le dictateur veut faire raser pour le punir de sa désinvolture...

Il en discute en famille. Va-t-on être obligé — comme c'est actuellement le cas pour *Lorenzaccio* — de faire appel à un comédien extérieur à la troupe du Français ? Sa femme, la comédienne Irène Papas, sait que seuls les Grecs savent jouer parfaitement la tragédie antique. Par atavisme... Mais, dans la Maison de Molière, chacun des comédiens est, et doit rester, Français.

C'est là que le hasard entre en jeu.

La fille de Cacoyannis prononce le nom de Francis Huster. Huster ? Il ne l'a pas vu. « Beau comme un dieu, au point d'en déchaîner la jalousie et la colère de Zeus », le décrit-elle. Elle ajoute : « ... et de le séduire par sa grâce. »

Voilà. Cacoyannis demande à l'Administrateur du Français de lui envoyer ce jeune dieu. Il le recevra là, à Athènes, sur les lieux mêmes où naquit la fameuse tragédie.

Dux apprend la nouvelle à Huster qui bondit de joie. Ils fixent le départ au samedi suivant.

Or, la veille, l'administration de la Comédie-Française est en branle-bas de combat. Huster est en congé. En tournage à l'extérieur. Chez lui le téléphone ne répond pas...

Ce n'est que quelques heures avant le décollage que Francis trouve la lettre de Pierre Dux. (Il faut préciser que, refroidi par la nuit zeffirellienne, il n'avait pas beaucoup « investi » sur ce projet.)

Vendredi

Cher Francis,

On vous court après depuis trois jours. Nous n'avons pas pris rendez-vous pour demain. C'est moi qui ai votre billet. Il faut être à Roissy demain-samedi matin à 9 h. Attention à l'affluence des départs en vacances.

Rendez-vous donc, soit à l'aéroport de Roissy, au comptoir d'Air France à 9 h. Soit à 8 h, 1 rue Guénégaud où une voiture nous conduira ensemble à Roissy. A demain.

Prenez votre brochure des « Bacchantes ».

Pierre Dux

... Le rendez-vous ne sera pas manqué.

Ensemble, ils débarquent dans la capitale de la Grèce. Un taxi les conduit au « Grande-Bretagne », le palace le plus sélect de la ville où deux chambres leur sont réservées. Le soir même, ils dînent chez Cacoyannis.

Le maître de maison évoque cette condition humaine dont les siècles et les civilisations successives n'ont pas changé les composantes. « Le destin n'est jamais extérieur à l'homme », dit-il. C'est un des grands principes de base de Cacoyannis. Francis est d'accord, mais il ne le dit pas.

« En bref, affirme Cacoyannis, nous sommes tous condamnés à être ce que nous sommes ». Francis traduit dans sa tête : « C'est vrai. Je suis condamné à être ce que je suis. » C'est-à-dire : une star.

Après le dîner, dans le vaste salon qui domine la cité d'Athènes illuminée, tournant le dos à la ville qui le couronne de mille étoiles scintillantes, Francis passe l'audition. Face à ce public familial, il devient DIONYSOS.

Cacoyannis reste vigilant. Il constate qu'Huster conserve, en français, la dynamique de la langue grecque, et qu'il n'oublie pas de faire tinter les consonnes. Quelques minutes plus tard, il ne constate plus rien. Le metteur en scène s'est métamorphosé en spectateur. Un spectateur comme les autres. Il n'y a pas de doute, ce comédien est Dionysos, le jeune dieu. Il est la sève des plantes. Le sang des veines. L'orage. Le tremblement de terre. Il est la vie et, en même temps, la mort.

ON REVIENT EN 1977.

En mars, *Le Cid* est monté sur la scène de la Comédie-Française, avec les mêmes interprètes qu'au Festival de Carcassonne. La mise en scène est de Therry Hands.

Le succès d'Huster est considérable. Une critique seulement permet d'en résumer l'ensemble... Celle de François Chalais, parue le 8 mars dans *France-Soir* : « ... Francis Huster, lui, n'a qu'à paraître. Il était le Cid avant d'avoir été choisi pour l'interpréter. On l'imagine déjà sous les traits de Rodrigue, dans la rue, devant un verre, dans un lit. Il n'a pas appris sa passion pour Chimène sur les bancs de l'école, pendant les cours de récitation, mais dans les vastes corridors d'un palais ou dans la fumée d'une bataille. Sa jeunesse est son soleil. Son regard emprunte son éclat au reflet de son épée... Gérard Philipe était admirable. Francis Huster l'est aussi... Simplement tous les deux, ils possèdent en commun cette façon de prolonger la terre jusqu'aux étoiles, ce qui n'est pas autre chose que la Poésie. Avec Francis Huster, un grand Cid nous est né. »

Le 12 avril 1977, le tonnerre gronde sur la scène de l'Odéon. Le rideau s'ouvre. Une lumière traverse la nuit. Celle-ci se donne au jour qui se lève sur les décors de Yannis Kokkos.

Ce n'est pas le théâtre d'Épidaure qui apparaît. Mais le dispositif scénique : un demi-cercle de ruines, y supplée.

Je suis d'abord fasciné, puis sidéré, et effrayé par ce délire mystique. Par la folie de Dionysos, cet étrange dieu à deux faces. Un dieu soleil. Un dieu d'ombre. La vie. La mort. Ce dieu qui rendra sa mère (Catherine Samie), folle et criminelle. Une folie qui franchira les limites de l'horreur lorsqu'elle tranchera le cou du jeune roi Penthée (Claude Giraud), et qu'elle brandira sa tête dans un cri déchirant. L'apocalypse !

En sortant de l'Odéon, ce soir-là, je me demande si on peut encore faire confiance aux dieux. Tout en espérant que, depuis Euripide, ils soient vraiment morts.

La presse est partagée, déconcertée. Pour les uns, le spectacle frôle la perfection. Pour d'autres, c'est du Grand-Guignol. Une parodie antique. Tout cela reste d'un mystère diabolique. Mais la critique ne résiste pas à l'envie de vanter l'extraordinaire interprétation des trois principaux comédiens.

Dominique Jamet écrit, dans *L'Aurore* : « ... Le voici, ce jeune dieu rimbaldien, ce jeune dieu hippie qui se présente sans autre cérémonie... Francis Huster inspiré, haussé au-dessus de lui-même et comme enthousiasmé, c'est-à-dire possédé par un dieu, donne à son rôle et rend à la tragédie un peu de la dimension religieuse liturgique qu'elle avait à l'origine... »

Dans *Le Monde*, Colette Godard écrit : « ... Huster, étrange éphèbe fondant, ondulant comme un Christ en promenade sur les eaux, impose la force d'une cruauté non humaine et le charme d'une douceur hypnotique... »

François Chalais, dans *France-Soir* : « ... Francis Huster est constamment bouleversant... »

Pierre Marcabru, dans *le Figaro* : « Une sorte de Christ pour hippies, auquel Huster prête sa grâce... »

Jean Vigneron, dans *La Croix* : « Francis Huster est, décidément, un très grand comédien. A mi-chemin entre le ciel et la terre, jouant son emploi de dieu euripidien à souhait... Mais, bien sûr, la triomphatrice fut Catherine Samie, en proie à sa folie meurtrière... »

Georges Lerminier, dans *Le Parisien Libéré* se pose la question : « Le héros est-il l'homme du pouvoir, raisonnable et responsable, qu'est le jeune roi Penthée (Claude Giraud), le mâle travesti en femme par Dionysos et déchiqueté par les Thébaines possédées ? Est-il ce beau jeune homme, de blanc vêtu, aux cheveux longs, d'une douceur apparemment angélique (excellent Francis Huster !), mais bien vindicatif et cruel, prompt à châtier les hommes qui refusent de croire en lui ? »

Dominique Jamet remarque encore, mais cette fois dans *Le Journal du Dimanche*, la création « inspirée » de Francis Huster « sous les apparences d'un conte à dormir debout, qui se termine par une scène digne du Grand-Guignol ». Il écrit : « Francis Huster, dont le nom rime si bien avec mystère, marque superbement son rôle quant à lui. Il est bien ce jeune dieu aux yeux brillants, ce dieu fantasque, ce dieu arbitraire au sourire ambigu, à la colère terrible… »

N'empêche que depuis, je pense qu'il faut se méfier des dieux.

ODEON
THEATRE NATIONAL
1, Place Paul-Claudel - Paris (6e)

LE DIRECTEUR

PARIS LE: Vendredi

Cher Francis

On vous court après depuis trois jours.

Nous n'avons pas pris rendez-vous pour demain. C'est moi qui ai votre billet. Il faut être à Roissy demain samedi-matin à 9 heures. Attention affluence des départs en vacances.
Rendez-vous donc soit à l'aéroport de Roissy au comptoir d'Air France à 9h soit à 8 heures 1 rue Guénégaud où ma voiture nous conduira ensemble à Roissy.

A demain.

Prenez votre brochure des Bacchantes

P. Dux

L'amour de la beauté. La simplicité de faire du bien au public.
Comme dit Molière : « uniquement plaire » — Francis Huster —

23.2.1976 — *La Nuit des rois* avec Ludmila Mikaël

« L'important, dans la vie, c'est le mystère... » — Francis Huster —

1975. Cinéma. Sa rencontre avec Lelouch. *Si c'était à refaire*, aux côtés de Catherine Deneuve.

Zeffirelli dirigeant Claude Rich dans le rôle de Lorenzaccio et Francis Huster dans celui de Tebaldéo... Un élan du cœur brisé.

Il joue pour la première fois le personnage de Lorenzaccio… et avec Louis Seigner dans le rôle de Strozzi !

Le 6 octobre 1977 à 20 h 30. En Eurovision. 220 millions de spectateurs ! Il devient l'enfant chéri du Français. Un prodige.

Cid au Festival de Carcassonne…
4.3.1977, Salle Richelieu « Un nouveau Cid est né ».

ncis est devenu la nouvelle star du Français. Chaque soir, des taines de jeunes filles l'attendent… Il se prête volontiers aux bises . l'autographe.

Cacoyannis dirigeant Francis dans
« Les Bacchantes ».

Le 16.4.1977. « Les Bacchantes ». Francis Huster et Claude Giraud.
… Méfions-nous des dieux !

« JE BAISE MON CERVEAU »

Francis Huster conduit son métier comme un sportif. Deux douches le matin après avoir dormi six heures. Durant dix-huit heures, il fait soixante pour cent d'efforts physiques, et quarante pour cent d'efforts psychiques. Les deux pouvant d'ailleurs être conjugués, lors d'un jogging, par exemple, ou au cours de ses déplacements...

Il porte toujours dans sa poche un minuscule « dictaphone ». Un tout petit magnétophone relié par un fil à un écouteur qu'il place dans son oreille droite (parce qu'il est droitier). C'est de cette manière qu'il apprend ses rôles. Il les pense d'abord. Puis il traque ses personnages jusque dans leurs recoins les plus secrets, les plus mystérieux... jusqu'à les réinventer. C'est seulement après qu'il les récite et s'enregistre, avant de s'écouter et de se réécouter. Inlassablement.

Il peut effectuer mille et une démarches avec cette « chose-là dans l'oreille ». Il peut tout faire, absolument tout, excepté l'amour.

En dehors de ce cas précis, il n'y prête même plus attention, à cette oreille supplémentaire. Ou, du moins, l'affirme-t-il, et je n'ai aucune raison de ne pas le croire.

Il lui arrive de l'oublier en regardant, comme nous le faisons parfois, un match de tennis à la télévision.

— Je baise ma mémoire, tu comprends ? m'explique-t-il.

Mais c'est parfois franchement déplaisant de s'entretenir avec lui, tout en sachant qu'il entend « deux sons de cloche ».

Alors, il se justifie. Et, comme pour mieux convaincre, il sort la « chose » de son oreille pour la planter dans la vôtre :

— Écoute. On entend à peine... Je baise mon cerveau, c'est tout. Tu comprends ? Lui, il ne comprend pas. Il enregistre, c'est tout. Je le baise, je te dis !

Moi, je veux bien, qu'il le baise, son cerveau. N'empêche, que je lui ai souvent demandé de replacer l'écouteur dans sa poche. Tellement le fil devenait obsédant. J'avais l'impression de m'adresser à un sourd !

Dans ces cas-là, je l'adore ! Il s'exécute sans rechigner. Il se marre même... En attendant, il a baisé son cerveau pendant une heure... Et c'est toujours ça de gagné !

Et puis, mine de rien, quelques minutes plus tard, on s'aperçoit qu'il a replacé l'écouteur là où il se trouvait précédemment. Il l'a fait sans y penser. Machinalement.

Souvent, à la dérobée, je l'observe, et j'ai peur. Peur qu'un beau jour, l'homme soit complètement asphyxié par l'acteur.

L'année 1977, il la termine en suprême beauté.

On ne badine pas avec l'amour, le rôle de Perdican, c'est « dans l'oreille ». Et l'intelligence, le talent, l'instinct de l'acteur ont fait le reste.

Le reste ? C'est le public qui commence à faire la queue devant la Comédie-Française, pour voir spécialement Francis Huster. Et la critique qui juge. Il suffit de la lire.

François Chalais, dans *France-Soir* :

« ... Comment se fait-il que nous retrouvions ici le Musset de nos rêves et peut-être des siens ? Il aura suffi pour cela que deux comédiens d'exception s'emparent de la scène, comme s'ils avaient senti, à tous les sens du mot, que c'était à eux de jouer...

Ainsi nous est révélé l'un des plus pathétiques duos que l'on puisse imaginer : Francis Huster, élégant comme l'insolence, déchirant et déchiré, Seigneur et serviteur du Théâtre, et Béatrice Agenin... Malheur à ceux qui se brûleront les ailes à leur trop brillante flamme. C'est très beau. Musset sera toujours le frère de ceux qui savent l'aimer. »

Sur « la scène de la fontaine », Jean-Jacques Gautier écrit, dans *Le Figaro* : « Francis Huster et Béatrice Agenin sont arrivés à la faire écouter avec agrément. Elle avait l'émotion; lui, de la justesse et du mouvement. »

Dans *Le Parisien Libéré*, Georges Lerminier confirme : « Ce duo, Béatrice Agenin et Francis Huster l'ont, à mon sens, exécuté d'une manière neuve, l'une sur le registre de la dureté fragile, l'autre sur le registre de la jeunesse insolente, inconsciemment cruelle. »

Il faudrait vingt pages pour résumer la critique... Pour conclure, je choisis Paul Chambrillon de *Valeurs Actuelles* :

« ... La représentation éblouit par la présence de Béatrice Agenin et de Francis Huster... Pour les voir, dans un autre théâtre, on ferait queue pendant des heures : Lui tout en charme, élégance et précision, elle d'une force passionnée qui surprend, encore que cela soit conforme à la vérité du personnage. Tout le feu de la jeunesse est dans ces deux visages, dans la vie intense que leur prêtent deux grands, très grands acteurs. La beauté et le métier parfaitement maîtrisé sont donnés de surcroît. »

Il faut ajouter que c'est Simon Eine qui a signé la mise en scène « impeccable » !

Simon Eine, qui n'appelle plus Huster que Francisco ! Italianisation, clin d'œil !... Il les doit au succès de *Lorenzaccio*.

Mais Simon et Francis sont devenus des complices, comme en témoigne cette lettre :

Mercredi 12 h 30

Francisco.
J'espère qu'on t'a fait mon message hier soir.
Vu que tu es injoignable au téléphone et que tu es trop débile

pour m'appeler. Je perds un temps précieux pour te laisser ce mot.
J'espère que ça s'est bien passé et je te dis un gros merde et je viendrai aussitôt que possible.
Si tu regardes bien au fond de l'enveloppe, tu devrais y trouver un poil de cul ayant appartenu à Lorenzaccio et que je t'offre en ces circonstances.

Je t'embrasse. Simon.

P.S. : et si ça ne t'écorche pas la gueule, appelle-moi.

Une lettre qui prouve que l'on peut à la fois appartenir au Français, émouvoir en alexandrins, et manier le langage du XXe siècle.

Des hommes, quoi ! Et des hommes pas poussiéreux du tout... Contrairement aux bruits qui courent, tout le monde ne déteste pas Huster depuis qu'il vient d'« éclater ».

Il faut dire que maintenant, la horde des jaloux a de quoi nourrir sa haine. Depuis *Lorenzaccio*, l'entrée des artistes de la Comédie-Française est bloquée par les jeunes filles qui cherchent à toucher ou à apercevoir leur nouvelle idole.

Chaque soir, Francis se fraie un passage dans la cohue. Ses admiratrices espèrent un baiser, ou quémandent un autographe... Il les leur distribue avec complaisance. Il n'a pas de vocation austère.

Le reste de la troupe est obligé d'emprunter d'autres issues. Cela fait sourire certains, comme Jean-Laurent Cochet, le metteur en scène, que Francis aime et respecte tant. Quand Cochet a envie de rencontrer la jeune vedette, il lui écrit, résigné :

Francis,
Je viens à Lorenzaccio le mercredi 21. Je t'attendrai après à l'Univers.
Ne traîne pas au milieu des fans !!

Bises. Jean-Laurent

... Mais chez d'autres, déjà, le sourire se transforme en rictus.

Mercredi
12h30

Francisco.

J'espère qu'on t'a fait mon message hier soir.
Vu que tu es injoignable au téléphone et que tu es trop débile pour m'appeler. Je perds un temps précieux pour te laisser ce mot.

J'espère que ça s'est bien passé et je te dis un gros merde et je viendrais aussitôt que possible.

Si tu regardes bien au fond de l'enveloppe tu devrais y trouver un poil de cul ayant appartenu à Lorenzaccio et que je t'offre en ces circonstances.

Je t'embrasse. Simon

P.S. et si ça ne t'écorche pas la gueule appelle moi

COMÉDIE FRANÇAISE 1680

Adresse Codifiée :
B. P. 266
75021 PARIS CEDEX 01

Francis,

Je viens à Lorenzo le mercredi 21.
Je t'attendrai après
à l'Univers.
Ne traîne pas au milieu
des fous !!

Bises.

Jean-Laurent

Boite Postale N° 266-01 - 75021 PARIS CEDEX 01 - Télégr. : COMÉDIFRANÇAISE-75-PARIS - C.C.P. PARIS 1998 43
Administration : Place Colette, 75001 PARIS - Tél. : (1) 296-10-24 - Location (1) 296-10-20
I.N.S.E.E. 880-75-101-E-051 - N° SIRÈNE 302-977-145-000 10

« NINO » COMPANEEZ

Cette même année 1977, Nina Companeez tourne un téléfilm : *Tom et Julie*. Un sujet qu'elle avait écrit en 1974. Très simple. Fait d'émotions et de sensibilité. Une sorte de *Vie de Bohème* actuelle... qui va obtenir le prix « Albert Ollivier », la Palme d'Or de la télévision.

Le cinéma n'en a pas voulu. Mais la télé l'a aimé et lui a laissé le choix des comédiens. Comme de bien entendu, Tom, c'est Francis Huster et Julie, Évelyne Buyle.

Nina reste cette artisane qui fabrique, avec des mains de fée, des œuvres intimistes, sur une petite musique en « *la* bemol majeur ». Une petite musique qui va bientôt faire du bruit. Elle prépare déjà *La Muse et la Madone* et *Les Dames de la Côte*... Tout un programme.

Le nom d'Huster figure à tous les génériques de Nina Companeez. Et, comme il fallait s'y attendre, à la Comédie-Française, on n'appelle plus Francis que : NINO COMPANEEZ... Avant même qu'on ne le surnomme NAPOLÉON. Ou bien encore, HUSTER QUI TONNE !

LE FEU ET LA GLACE

Pour Francis, c'est parti.

S'il éprouve un amour partagé pour le théâtre, et les petits et grands écrans, ces derniers le lui rendent bien.

— C'est mon drapeau tricolore à moi, clame-t-il, dans les interviews qu'il accorde à toute la presse. Cette presse pour qui il devient un enfant « spécialement chéri ».

Alors, comme on attaque *La Marseillaise*, il se lance à corps perdu dans le théâtre (avec *Britannicus* en janvier 78, *La Nuit et le Moment* en avril de la même année). Au cinéma : *One Two Two, 122, rue de Provence, l'Adolescente, Les Egouts du Paradis*. A la télé on le voit dans *La paire de gifles, Volpone, La Muse et la Madone*, et dans deux Échiquiers de Jacques Chancel. Celui de Robert Hossein et celui de « Ceux de trente ans »... J'en passe.

Comment arrive-t-il à tout faire à la fois ! Mystère.

Il devient — et pour cause — inaccessible. Sauf pour la presse. Aussi bien pour celle qui, depuis toujours, lui est inconditionnelle que pour l'autre. Celle qui vient juste de le découvrir, maintenant qu'il est déjà célèbre. Presse du cœur, presse à sensation, presse des jeunes, tout le monde parle de Francis Huster.

Partout, il est la vedette. Les gros titres succèdent aux gros titres :

« FRANCIS HUSTER, 20 LETTRES D'AMOUR PAR JOUR » — « LA VIE D'ARTISTE DU COMÉDIEN » — « HUSTER SUPERBOY » — « FRANCIS HUSTER COMEDIEN ROMANTIQUE » — « COLINOT DEVANT LE SPHINX » — « FRANCIS HUSTER L'EXPLOSION ! » — « FRANCIS HUSTER : "MES 15 ANS" » — « FRANCIS HUSTER, LE JEU DU GUERRIER » — « FRANCIS HUSTER, L'ESPOIR DU CINÉMA FRANCAIS » — « FRANCIS HUSTER, 1er A L'ÉCOLE, 1er AU CONSERVATOIRE, SON AMBITION : ETRE 1er AU CINÉMA » — « FRANCIS HUSTER LA STAR DE LA COMÉDIE-FRANCAISE » — « FRANCIS HUSTER, PORTRAIT D'UN AMBITIEUX » — « A LA COMÉDIE-FRANCAISE UN NOUVEAU MONSTRE SACRÉ » — « FRANCIS HUSTER ET LE CHARME » — « LE CINÉMA FRANCAIS ATTEND FRANCIS HUSTER » — « LE NOUVEAU SÉDUCTEUR »...

En cette année 78, je ne le rencontre plus qu'au théâtre, dans sa loge, ou au téléphone.

Ce soir-là, c'est après *Britannicus*, au Français. « Une histoire de gangsters » comme dit le metteur en scène Jean-Pierre Miquel. Certes, mais une histoire de gangsters pas comme les autres puisqu'elle est signée Racine, et « qu'elle se déroule chez des gens très bien élevés ».

Des gens très bien élevés qui sont aussi, et avant tout, de merveilleux comédiens. Bérangère Dautun, Ludmila Mikaël, Jean-François Remi, Jacques Sereys « ont là l'occasion de se découvrir des zones d'ombre inconnues en se dépassant eux-mêmes. », écrit François Chalais dans *France-Soir*.

Paul Chambrillon, dans *Valeurs Actuelles*, est plus modéré. Il semble un peu perplexe : « Dès la Scène V, Monsieur Francis Huster imposait sa grâce... l'harmonie de l'alexandrin résonnant. Britannicus prenait corps, en dépit de son costume de Fantômas brechtien pour cabaret expressionniste. Enfin, Madame Ludmila Mikaël intervenait... La soirée allait-elle être sauvée par ces deux grands comédiens ? »

Robert Kanters, dans l'*Express*, répond affirmativement : « ... grâce à Francis Huster qui se tire très bien du rôle de Britannicus et à Ludmila Mikaël, qui par coup d'éclat, fait de Junie une tigresse qui défend son amant. »

... C'est une évidence, Huster a la cote.

Mais je trouve la critique plutôt dure pour les autres comédiens. J'aime bien Jean-Luc Boutté dans le rôle de Néron et Denise Gence dans le rôle d'Agrippine. Et je le dis à Francis.

— Mais elle, je crois qu'elle ne m'aime pas, me répond-il désinvolte et ambigu à la fois.

Je n'ai jamais pu savoir s'il parlait d'Agrippine ou de Denise Gence.

La Nuit et le Moment, créée le 13 avril 1978, est un « Immense Moment » dans la carrière théâtrale de Francis Huster. Immense, car de la salle de poche du Petit-Odéon, lui et sa partenaire, Catherine Salviat, en ont fait un Royaume. Le Royaume des mots et du triomphe.

Aussi, dès le 18 mai, l'extraordinaire décor baroque a-t-il été transporté sur la scène du Grand-Odéon.

La pièce, de Crébillon fils, se résume en peu de mots.

Clitandre, profitant d'un séjour à la campagne, s'introduit dans la chambre de la belle Cidalise, qui vient de se déshabiller. Il est lui-même en vêtement de nuit et, sous prétexte d'avoir froid, il se glisse dans son lit. Elle ne résiste que le temps de renvoyer sa femme de chambre... Ce sera le début d'un étonnant morceau de bravoure érotique et... grammatical, puisqu'il est entièrement déclamé dans le langage du XVIIIe siècle. Au premier comme au second degré, que son sens soit double ou triple, le dialogue reste toujours très convenable, et étonnamment élégant.

Une fois de plus, la critique est emballée. Dominique Jamet écrit dans *L'Aurore* du 17 avril 1978 :

« A cette guerre en dentelles noires qui, d'abord, surprennent, Dominique Borg a donné son décor et ses costumes raffinés et funèbres. C'est l'amour que l'on assassine, c'est à son enterrement que nous assistons. Il est impossible d'unir mieux que Francis Huster le feu et la glace, de mieux faire sentir l'horreur et le désespoir d'un cœur brisé, d'une âme morte sous l'affirmation tranquille du cynisme et le rire sec du libertin. On ne joue pas impunément avec les autres ni avec soi-même. Catherine Salviat lui donne une réplique ardente et spirituelle. Jean-Louis Thamin a signé là une mise en scène d'une justesse, d'une finesse, d'un goût irréprochable, digne d'un acteur et d'une œuvre qui nous sont ici révélés et qu'on aimerait ne pas voir retomber dans le plus injuste des oublis et le discrédit le plus immérité. »

François Chalais, le même jour, dans *France-Soir* :

« Remarquablement dirigés par Jean-Louis Thamin, Francis Huster et Catherine Salviat nous font littéralement le don de leur jeunesse et de leur beauté — ces deux façons d'être insolent avec grâce. Suivez-les dans cette alcôve où, pas plus que les corps, l'intelligence n'est endormie. Ne boudez surtout pas ce boudoir. Courez voir briller de tous leurs feux insolites ces bijoux indiscrets. »

Patrick de Rosbo les trouve « proches de nous » dans les *Nouvelles Littéraires* du 20 avril 78, et il ajoute :

« Francis Huster, coiffé d'une fantasmagorique perruque brune à la Fellini, déploie des trésors de finesse et de ruse, pour assiéger une couche où l'on n'espère que lui, tout en faisant mine de désapprouver ses plans de guerre. Catherine Salviat, quant à elle, se fait suffisamment attendre, et désirer, pour qu'on se croie obligé de ne pas deviner trop vite son inclination prononcée pour les belles défaites. »

Quant à Jean-Jacques Gautier, dans *Le Figaro* du 22 avril, il ne peut résister à faire partager ses impressions sur la « très agréable soirée » qu'il vient de passer :

« ... Francis Huster et Catherine Salviat s'en tirent avec une surprenante aisance, comme s'ils avaient retrouvé la vie cachée de ce langage sinueux. Et puis parce que la présentation de l'ouvrage ne cherche pas l'originalité à tout prix, soit en transposant les sexes, soit en multipliant par deux ou trois chacun des personnages, soit en déplaçant sans utilité la chronologie ou le lieu...

Gravure galante où se rassemblent toutes les qualités cruelles d'un siècle qui mariait la politesse la plus exquise et la plus délectable muflerie, la grâce et la férocité, mélange de badinage et de rouerie, modèle de style classique sentant — peut-être, rien n'est moins sûr — sa mort prochaine. »

Le 8 mai, dans le *Nouvel Observateur*, on peut lire, sous la plume de Guy Dumur :

« Ah ! le beau moment de théâtre ! Ce dialogue que Crébillon fils n'avait jamais pensé qu'on pût porter à la scène n'est pas seulement un fantastique morceau de bravoure, tel que la langue française, et singulièrement le XVIIIe siècle, en a produit. Génialement interprété par Francis Huster, c'est le prototype de la comédie érotique, dont personne, jamais, n'a retrouvé le ton. »

FRANCIS HUSTER ET « LE SEXE PRIVILÉGIÉ »

En avril 78, Francis va voir une voyante. Il ne confie à personne ce qu'elle lui a prédit mais, en sortant de chez elle, il décide de prendre un congé d'un an au Théâtre Français. Il veut se consacrer entièrement au cinéma et à la télévision. Pas fou Huster ! Il connaît l'impact de la télé sur le public.

Il veut prendre un grand virage. Un virage « de feu et de glace »... Son mystère ne doit pas le rendre « lointain », « inabordable », mais impénétrable.

De feu et de glace, c'est d'ailleurs ce qu'il est actuellement sur les écrans dans une comédie dramatique à l'italienne : *One two two, 122, rue de Provence*. Un film tiré des souvenirs de Fabienne Jamet, la « Madame » qui régna longtemps sur l'une des plus célèbres « maisons » de Paris et qui a vu défiler, dans ses salons particuliers de style 1930, où attendaient les plus belles filles de la capitale, plusieurs générations de politiciens.

Soigné, raffiné, élégant en jeune parlementaire ambitieux, Francis Huster, avec son charme un peu trouble, met en valeur ses dons d'acteur tout en nuances. Une silhouette qui n'est pas sans rappeler Chaban et Chirac. La jolie Nicole Calfan lui donne la réplique, et la musique est signé d'un nom prestigieux : Ennio Morricone.

Le film est cependant un échec commercial. La presse s'est contentée d'écrire : « Le film ne vaut guère que par la présence de Francis Huster. » Mais cela n'a pas suffi au public.

Même l'importante critique de Louis Chauvet, dans *Le Figaro*, n'a pas incité les Parisiens à se déplacer. Pourtant, il écrit : « Je ne regrette pas d'avoir « recommandé » (modestement) aux producteurs de films le talent et la personnalité d'un jeune acteur de théâtre, Francis Huster. Nous venons de le voir jouer les Rastignac un peu fêtards dans *One two two*. » Et il conclut par une tentative de définition de Francis : « Quelque chose de Rudolf Valentino et quelque chose de Pierre Fresnay. »... Tout en précisant : « L'avantage qu'il détient par rapport à ses actuels rivaux, ne fait en tout cas aucun doute. Je veux parler de son exceptionnelle culture dramatique. »

Mais Francis, lui, est déçu. Car il croyait en ce film ! Christian Gion lui avait écrit un rôle sur mesure. Un rôle qui devait lui permettre de sortir de son répertoire cinématographique habituel. Un rôle qui aurait convenu à un Jouvet ou à un Fresnay ! Ce qui, soit dit en passant, n'avait pas échappé à l'œil avisé de Louis Chauvet.

Pierre Fresnay ! Un nom qui sonne bien pour Francis. Il a même accroché une photo de lui dans sa chambre ! Il me parle aussi beaucoup de Vittorio Gasman, à la limite entre le parfait romantique et le fieffé menteur. D'ailleurs, Francis regarde beaucoup du côté du cinéma italien. « Les héros ou les anti-héros sont vrais, réels, palpables, s'écrie-t-il, admiratif. Il font partie du monde de tous les jours ! Je suis sûr qu'en France on est capable de créer au cinéma ! »

Moi je pense plutôt que si Huster s'intéresse de si près à l'Italie, c'est parce que, passionné de sport, il sait que les Italiens seront dans la même poule que les Français dans la prochaine Coupe du Monde de Football... « Je me méfie beaucoup de la Squadra Azzura, dit-il, elle est capable du meilleur comme du pire. Mais si les Français tombent sur le meilleur ! »

En attendant, il s'apprête à tourner le prochain film de Jeanne Moreau.

Avec *L'Adolescente*, Jeanne Moreau devient l'une des femmes les plus en vue du cinéma français. Courageusement, intrépidement, ardemment, après trois ans de combat, elle fait enfin son second film.

Pour raconter son enfance, filmée à la troisième personne, elle a choisi un décor magique, l'Auvergne, tout en volcans.

Cette Marie, au seuil de l'adolescence, c'est elle, à l'écoute des premiers tumultes de son corps. On est en 1939, on parle beaucoup de guerre... Les vacances... Les dernières vacances... Il y a aussi sa mamie, qui, derrière ses carreaux d'aubergiste, voit tout et comprend tout. Et puis Eva, la maman, une belle Hollandaise de la Bastille, et son mari, Jean, le boucher. Il y a la radio et les informations. Il y a encore le jeune médecin aux yeux tendres — Francis Huster —, Parisien de passage à la campagne, séducteur malgré lui. Juif envers et contre tout. Ou le contraire, on ne sait trop. En tout cas, c'est lui qui fera naître les premiers troubles de l'adolescente de Jeanne Moreau.

La très jeune Laetitia Chauveau est délicate et frémissante. Simone Signoret, toujours parfaite dans le rôle d'une grand-mère de rêve, pleine de sagesse. Le père, Jacques Weber (on peut remarquer que quand ce n'est pas Spiesser, c'est Weber et inversement) bien qu'un peu flou, est quand même bon-bon-bon ! — On n'est pas prix d'excellence pour rien !

Jeanne Moreau déclare : « Avec *l'Adolescente*, une partie de ma vie s'en va ». Ce film, dans lequel elle a mis beaucoup d'elle-même, ne captive ni le public, ni la critique. Seul Francis retiendra l'attention de Jean de Baroncelli, qui écrit, dans *Le Monde* : « qu'on ne finit pas "d'écrire" qu'il est un des meilleurs de sa génération. »

Francis n'apprécie pas tellement les remarques que je lui ai faites à propos de ce film « innocent » et « fragile ». Je le sens. D'ailleurs, il ne sait pas trop comment se justifier. Il parle d'un « coup de cœur » entre Jeanne Moreau et lui.

« Un monstre sacré. Un volcan. Un mec. Un pote. Un copain... et une femme jusqu'au bout des ongles ! » Il essaie de me convaincre. Il me dit : « Je te jure ! Elle est fantastique ! » Je le crois, n'empêche que... Alors il me parle de Simone Signoret : « C'est non seulement une immense actrice, mais, en plus, un professeur. Elle vous apprend à jouer... Elle m'a intimidé. Elle m'a beaucoup appris. Elle donne du talent aux autres, tu peux pas savoir ! » Je n'en doute pas une seconde, n'empêche que le film... « Elle m'a battu au Scrabble durant tout le tournage, tu te rends compte ! » Évidemment, ça explique tout ! D'autant qu'à ce jeu-là, Francis est imbattable !

Je soupçonne Francis de n'admirer que les femmes. Il considère qu'elles sont généreuses par nature. Obligatoirement ! Parce qu'elle peuvent mettre des enfants au monde, elles ! Donc, physiologiquement, morphologiquement, pathologiquement, elles sont indispensables. Il transcende : « Les femmes ont le sens de la vie. Le sens de la terre. L'homme n'a conscience de rien. Ni du début, ni de la fin. Ni de la vie, ni de la mort. C'est un angoissé perpétuel qui rate tout. Qui ne va jamais au bout des choses. Il se bat tout seul. Vite et dans le vide... La femme, elle, prend son temps. Mais quand elle arrivera à maturité, l'homme ne sera plus qu'un bourdon et, d'ailleurs, ça en prend le chemin... »

Je souris, car lui, plus que n'importe quelle femme, a le sens « du début », « de la fin », « de la vie » et de « la mort ». Lui, ambigu, à la limite du rêve et de la réalité ! Je souris. J'écarquille les yeux. Il s'emporte comme si je n'avais rien compris :

— Mais enfin, tout le monde le sait !

... Sauf moi, bien entendu. Je lui fais quand même remarquer :

— En fait, je crois que tu es frustré. Tu souhaiterais appartenir à ce sexe « privilégié ».

Un geste vague. Une pointe d'humour à l'encoignure de ses lèvres :

— Pas du tout. J'aime mieux être du côté des inférieurs.

La pirouette hustérienne !

MADAME JULES ROMAINS, JOSÉ GIOVANNI, LE PARADIS ET... « MOTEUR ! »

Huster ne tient plus en place. Il reçoit un courrier de ministre. Il est saisi par le démon de son métier.

Il sait maintenant que son regard myope, son mystère, sa mèche romantique, sa voix un peu nasillarde, lui valent les faveurs d'un jeune public féminin.

La télévision, plus que jamais, va l'aider à maintenir sa réputation de « jeune premier numéro un du théâtre français ».

La paire de gifles de Sacha Guitry qu'il joue avec Caroline Cellier et Pierre Mondy au « Petit Théâtre du Dimanche » de José Artur a un gros impact sur le public.

Au cours du « Grand Échiquier » consacré à Robert Hossein, il interprète un extrait d'*On ne badine pas avec l'amour* de Musset. La presse unanime fait observer qu'après la mort de Jacques Charon et le départ de Robert Hirsch et de Jean Piat, la Comédie-Française n'a plus qu'une seule vedette : Huster. On le compare encore à Gérard Philipe — bien sûr —, à James Dean aussi... Avec un talent gros comme ça !

Il répond plus que jamais présent à Jacques Chancel pour l'Échiquier réservé à ceux de trente ans.

Francis va prendre par la main le plus discret (ce qui n'empêche pas le talent) Jacques Weber. Deux comédiens, deux personnalités et quelques valeurs « sûres » : Frédéric Lodéon, Marie-Paule Belle, Cyprien Katsaris... Huster apparaît comme le chef de file, l'émission étant axée sur Weber et lui. Un numéro contradictoire à la fois drôle, baroque, farfelu, et violent parfois. Comme l'amour. Un amour commun. L'amour de leur métier. Exacerbé. Pourtant, l'émission garde un caractère jeune et spontané. Avec l'imprévu, on risquait, en direct, le désordre. Or, d'une main de maître, Huster-Weber ont maîtrisé leurs envolées. Le feu sacré était au rendez-vous.

Le 27 mai, Francis reprend le rôle de Mosca dans *Volpone* pour « Au théâtre ce soir ». Avec, cette fois, Jean Le Poulain sous les traits du vieux « Renard ». Les journaux écriront lors de la diffusion en novembre : « Ne manquez pour rien au monde ce *Volpone* ! » — Chose rarissime pour cette émission de télévision plutôt mal reçue par la critique. Le fameux couple Maître-Valet donne à la pièce une force cruelle, éblouissante, grâce aussi à la mise en scène de Jean Meyer.

Lors de l'enregistrement public, la veuve de Jules Romains est dans la salle du théâtre Marigny. Francis a une mémoire d'éléphant. Il se souvient que si l'auteur l'avait aimé dans le rôle de Mosca qu'il tenait auprès de Jacques Charon, en 1972, au point de lui avoir écrit un petit mot d'encouragement, elle, Lise Romains, l'avait détesté.

Mais, ce 27 mai, elle est conquise. Elle se rend dans la loge du comédien, remplie de ses admiratrices. Elle se fraie un chemin pour arriver jusqu'à lui. Elle lui lance : « Vous avez été magnifique ! ». Très digne, détaché, n'abandonnant pas pour autant les signatures d'autographes, il lui lance : « Écrivez-le moi, madame ». Francis est resté de glace. Elle, désappointée.

Quelques jours plus tard, la veuve de l'académicien va tout de même se soumettre au désir du jeune premier capricieux, cabot et narcissique :

1.6.78

Mon cher Francis,

Vous m'avez demandé de vous écrire. Mais, vraiment, cela me coupe un peu l'inspiration. Je commençais à vous dire : « Vous avez été magnifique », quand vous m'avez interrompue pour me faire cette demande. Et je trouve qu'écrire : « Vous avez été magnifique », c'est un tantinet absurde. Mais puisque vous y tenez, je vous renouvelle de tout cœur mes félicitations et mes remerciements pour la façon magistrale dont vous avez campé votre Mosca. A la fois cynique et sympathique (le seul personnage sympathique de la pièce, avec Canina; car Columba et Leone sont vraiment trop bêtes), ce qui n'est pas facile.

J'espère bien vous retrouver une autre fois dans une pièce de J. R. En attendant, croyez à toute mon amitié.

Lise Jules R*OMAINS.*

Quelque temps plus tard, Francis me confie quelques-uns de ses projets. Une série impressionnante qui lui permettra de changer chaque fois de tête. Il adore cela. Il me parle des *Dames de la côte*, cette saga de 1914-1918, une sorte de *Guerre et Paix* pour la télévision qui durera six heures. « J'y aurai pour partenaire, Madeleine Renaud, Edwige Feuillère et Michèle Morgan — « Tu te rends compte ! » — Ensuite, il devrait y avoir un film en Espagne et en espagnol, de Ricardo Drove, qui doit le ramener à la guerre de 14 — « Tu vas voir ! Et puis un autre que je vais tourner moi-même. J'ai le titre : *Gabin et Sarah*. Ça raconte les amours d'un adulte et d'une adolescente... »

Ça y est ! Je me dis qu'il a attrapé le virus. Celui qui avait « frappé » Jeanne Moreau !

Enfin, il m'annonce un troisième projet avec Annie Girardot, qui sera à la fois actrice et productrice... « Tu comprends, me dit-il, d'un ton presque solennel, j'ai décidé de ne plus interpréter, à l'avenir, que des personnages dont je partage les sentiments et l'éthique. »

Bon. Moi, je veux bien. Mais on peut comprendre ma surprise lorsque j'apprends que dans quelques jours, José Giovanni doit donner le premier tour de manivelle d'un film qui retracera le

« casse du siècle ». Celui d'Albert Spaggiari. Avec Francis Huster dans le rôle de Spaggiari !

Cela s'est fait très vite. Il a longtemps été question de Belmondo ou de Delon.

Michel Audiard, le dialoguiste, pressent Huster. Il a l'habitude des comédiens. Un jeune sociétaire de la Comédie-Française aussi talentueux que Francis Huster peut se montrer tout aussi à l'aise dans « son langage à lui » que dans celui de Molière. Audiard en est persuadé. José Giovanni l'est moins. « En plus, lance-t-il, il fait trop jeune ! ». « Trop jeune ? »

Francis est convoqué. Il fait vraiment très jeune ! C'est là que la force de persuasion de Francis rentre en jeu. « Vous avez dit trop jeune ? » Il propose de réaliser une séance-test de photos pour mieux démontrer à Giovanni qu'il peut être plus mûr. A la demande. C'est son métier. Il en connaît les moindres méandres. Toutes les profondeurs.

Quelques jours plus tard, Giovanni lui téléphone. C'est gagné !

Pourquoi Francis a-t-il voulu convaincre Giovanni ? Il avait pourtant une multitude de projets, et, pour réaliser celui-là, il lui faut en annuler d'autres... Et puis, il ne sait même pas qui est Spaggiari ! (Francis ne lit dans les journaux que les rubriques spectacles ou sportives). Mais, tourner sous la direction de l'homme qui a dirigé Gabin, Bourvil, Ventura, Delon, Belmondo, ça l'excite !

Quand il s'est envolé pour Nice, Francis commençait à répéter *Dom Juan* pour le Français.

« Je ne reprendrai pas les répétitions avant janvier, me dit-il. Elles seront longues : cinq mois. Jean-Luc Boutté, qui me mettra en scène, veut la perfection. *Dom Juan* sera programmé en mai 79, pour saluer avec faste la clôture du mandat de Pierre Dux. »

En attendant, moteur !

Francis lit tout sur le casse de Nice. Il rencontre la femme de Spaggiari, son avocat... Et le tournage commence. L'un des plus éprouvants de toute l'histoire du cinéma. A part la séquence de la salle des coffres, reconstituée dans les Studios de la Victorine pour la bagatelle de cent vingt millions de centimes, toute l'équipe va passer de longues heures au fond des égouts de la bonne vieille ville de Nice. Et en fait d'égouts du paradis, ce sont plutôt les égouts de l'enfer. Quinze jours ! Avec, sur le dos, le même poids en matériel que Spaggiari et ses complices. Des valises bourrées de munitions, de vivres... La panoplie complète du cambrioleur, des bouteilles de gaz pour alimenter les chalumeaux.

Toute l'équipe se donne entièrement, jusqu'à la limite de ses forces. Au milieu des rats, des anguilles grouillantes et des bêtes immondes contre lesquelles tout le monde a été vacciné. Plus d'un s'est retrouvé dans l'eau infecte des égouts après avoir glissé sur le sol gras.

Le soir, après le tournage, les hommes sentent tellement mauvais qu'une infirmière est obligée de les désinfecter à la lance d'incendie.

Une chose, au moins, est sûre. Francis a tellement pris son rôle au sérieux qu'il pourrait, maintenant, s'il le voulait, réaliser un véritable hold-hup. Il pourrait même échapper à ses juges. Car José Giovanni ne lui a fait grâce d'aucune séquence dangereuse. Comme Spaggiari, il a sauté de la fenêtre du premier étage du Palais de Justice pour s'échapper du bureau du juge d'instruction. Puis il a rebondi sur le capot d'une voiture, avant de s'enfuir sur la moto d'un complice.

Francis pesait quatre-vingts kilos dans *L'Adolescente*. Il n'en pèse plus que soixante-huit après les *Égouts du Paradis*.

Il est épuisé. Mais il se dit prêt à retourner n'importe quel film avec Giovanni : « Cette fois, si possible, à l'air pur, dans les montagnes. »

Il est heureux, Huster. Et Giovanni est content de lui. Surpris, même. Il n'imaginait pas qu'un comédien du Français puisse plonger carrément la tête dans le cloaque des égouts. Surpris de cette force nerveuse et de cette volonté qui ont tenu lieu de force physique. Le réalisateur reconnaît : « Je crois que, moi-même, si je n'avais pas été en superforme physiquement, j'aurais craqué. »

Non seulement Huster n'a pas craqué, mais il lui est arrivé, après tournage, d'aller sur un terrain, balle au pied, histoire de se désintoxiquer ! Ou alors, il rejoignait Jean-Louis Thamin (celui qui l'a mis en scène dans *la Nuit et le Moment*), le nouveau directeur du Théâtre de Nice...

Oui, épuisé, mais heureux. Il ne se sent plus incompris. Son étoile brille. Il vient de prouver à un metteur en scène qu'incarner un personnage, ce n'est pas en avoir le costume ou le maquillage... Ce qui compte, c'est le maquillage humain. Le seul qui soit vrai !

José Giovanni, à la sortie du film quelques mois plus tard, dira en voyant son interprète à l'écran : « C'EST BEAU. AUSSI BEAU QUE SI ALAIN DELON JOUAIT *LE MISANTHROPE.* »

Incarné avec brio par Francis Huster, *Les Égouts du paradis* sera son premier grand triomphe cinématographique. Au redresseur de torts qui écrit à la craie sur les murs éventrés de la chambre forte : « Ni haine, ni violence, et sans arme », Robert Chazal ajoute dans *France-Soir*, à propos de l'interprétation d'Huster : « Avec panache ».

En ce mois de novembre 1978, on verra trois fois Francis Huster sur les écrans de télévision. Sur TF1, dans *Volpone* — enregistré en mai au Théâtre Marigny. Puis, dans *On ne badine pas avec l'amour*, sur FR3, enregistré en juin par la Comédie-Française au Théâtre de la Porte-Saint-Martin. Et enfin dans *La Nuit et le moment*, filmé — dans le décor original transporté dans un studio des Buttes-Chaumont — par Nina Companeez.

Tout cela avec « virtuosité, volubilité, précision et... démesure. »

« Plus les portes s'ouvrent devant vous, plus vous êtes maladroit et méchant. C'est comme si on voulait être autant détesté dans la vie qu'on est aimé sur scène. » Voilà ce qu'il me dit, un jour, alors qu'il s'en va rejoindre Nina Companeez dans une maison tranquille au bord de la mer. Sur la Côte Fleurie. A Villerville. La terrasse est balayée par le vent de ce début d'hiver. A l'intérieur, il règne une nonchalance confortable, une famille. Une famille d'artistes. Mais les artistes ne sont pas en vacances.

Dans ce décor naturel, au bout de la rue Georges-Clemenceau, dans cette villa surplombant la falaise, Françoise

Fabian, André Dussolier, Francine Bergé, Patrice Alexandre, Fanny Ardant, Évelyne Buyle et Francis tournent *La Muse et la Madone*.

Le film est composé comme un quintette musical où chaque instrument résonne sur un même thème. Le thème principal étant ici la création artistique.

A cette création, conçue à partir d'un poème de Baudelaire, participent des œuvres de Brahms, Franck et Mahler. La vie, l'amour, la mort, l'art, la difficulté d'être en général et en particulier sont au rendez-vous.

Il existe sur cette côte normande tout un passé littéraire (Proust, Barbey d'Aurevilly entre autres) qui inspire la cinéaste et ses interprètes. Une dramatique somp-tu-euse ! D'une qualité rare.

Le comportement d'Huster durant le tournage ? « Peut-être » un peu à côté de lui-même. Il ne rentre dans la peau de David — le personnage qu'il incarne — qu'au tout dernier moment... C'est qu'il pense à autre chose. Sur lui, flotte le drapeau du triomphe. Car il est sûr que *Les Égouts du paradis* sera un triomphe... Un drapeau avec des étoiles ! Celles du cinéma. Culte du « moi ». Volonté de se dépasser à chaque seconde, comme pour se prouver qu'il existe et qu'il est « reconnu ». Ne risque-t-il pas de s'isoler, de se détourner de tout ce qu'il y a d'humain, de tout ce qui est indispensable, pour suivre le chemin solitaire qui le mène au sommet de sa carrière ?

Souvent, Nina Companeez observe Huster, caustique, arrogant et tourmenté. Cet étranger qui ressemble comme un frère au tendre Francis...

1er/6/78

56, RUE DE BOULAINVILLIERS
75016 PARIS
TÉL. 525.42.47

Mon cher Francis,

Vous m'avez demandé de vous écrire. Mais, vraiment, cela me coupe un peu l'inspiration. Je commençais à vous dire : « Vous avez été magnifique », quand vous m'avez interrompue pour me faire cette demande. Et je trouve qu'écrire : « Vous avez été magnifique », c'est un tantinet absurde. Mais, puisque vous y tenez, je vous renou-

velle de tout cœur mes félicitations et mes remerciements pour la façon magistrale dont vous avez campé votre Mosca. À la fois cynique et sympathique (le seul personnage sympathique de la pièce, avec Canina ; car Colombe et Leone sont vraiment trop bêtes), ce qui n'est pas facile.

J'espère bien vous retrouver une autre fois dans une pièce de J. R. En attendant, croyez à toute mon amitié.

Lise Jules Romains

DES CELLULES GLACEES

Francis Huster est un héros actuel et il en est heureux. Normal. En même temps, il a encore peur. Peur de quoi ? De rater sa vie ? Pourquoi ? Parce que, s'il sait qu'il aimera toujours les autres, il n'est pas sur que les autres l'aimeront toujours. Il aime la Comédie-Française. — Oh, pas vraiment telle qu'elle est, mais n'est-ce pas le propre de l'amour ? Seulement, voilà, est-il aimé de la Comédie-Française ?...

Bref, plus ça marche pour lui, plus il a peur de rater sa vie. Alors, il construit une toile d'araignée où il emprisonne des provisions de succès.

Égocentrique, il vit un peu comme une bête sauvage. Il n'est pas exactement le jeune loup arriviste dont parlent les journaux. Il est « carriériste ». Il sait qu'à Paris, on ne pardonne pas les défaites et que toute réussite est suspecte. Alors, il travaille pour le succès. A l'écran comme à la scène. C'est là qu'il vit sa vraie vie. Il ne vit que pour elle. La seule vie qui ne lui échappe pas. Il veille professionnellement sur sa « tenue ».

En dehors, il se moque de tout.

De l'argent, de ce qu'il aime, de ceux qu'il aime...

Mais, pour ceux qui l'aiment c'est éprouvant, angoissant. On a l'impression qu'il n'a plus de temps à perdre. Ni avec lui, ni avec les autres. Sa vie privée ? Il n'en a pas. Il n'en a plus. Pas même de quoi s'emplir d'un petit quelque chose d'humain.

J'ai retrouvé chez Francis une lettre de Nina Companeez, datée de cette époque. Elle dit bien clairement ce que j'essaie de comprendre obscurément.

Février 79

Mon Francis,

Ma lettre va être noyée au milieu de ton courrier d'admiratrices et sera lue surement très vite et oubliée. Je ne me fais pas beaucoup d'illusions là-dessus. Tant pis. Je t'écris quand même pour qu'il reste une trace de mes réflexions à ce moment précis de ta vie et de la mienne.

J'ai été angoissée par toi depuis ton retour de Nice... Et ce n'est pas parce que tu me vois trop ou trop epu, que tu tiens à moi ou pas. Non, ce qui m'a serré le cœur, c'est ce que j'ai ressenti en toi.

Je pensais qu'en réussissant, tout ce que tu as de bon et de généreux s'épanouirait. Que ta rage de réussite se clamerait petit à petit, que tu n'aurais plus peur de la vie... C'est le contraire qui se passe.

J'ai l'impression que c'est comme un cancer. Des cellules glacées qui, petit à petit, gèlent toute ta chaleur humaine.

Si tu deviens un ordinateur parfait programmé pour ta réussite, avec quoi est-ce que tu joueras la comédie ? Avec quelle âme ?

Tu entres dans une période grisante et dangereuse où tous les gens que tu rencontres te sourient et te flattent.

Tu ne veux plus faire le moindre effort pour ce qui n'est pas indispensable à ta réussite, cela te paraît inutile, tu te protèges, tu protèges l'essentiel et tu te déshumanises.

C'est plus agréable de voir des flatteurs que des critiques sévères, mais c'est si dangereux. Cette lettre est confuse je le crains, mais je ressens très fort ce que j'essaie de te dire.

Moi aussi j'ai du pouvoir sur les gens qui m'entourent. Et je sais très bien comment je pourrais traverser la vie entourée de gens à ma dévotion, que je tyranniserais complètement. Mais quelle solitude ! Comme ces gens qui s'humilient devant moi me font de la peine et ne m'intéressent pas. Je n'aime pas les rapports de pouvoir... J'espère que quand tu auras 50 ans, tu entreras dans une période où ce qu'il y a de beau au fond de toi s'épanouira enfin.

Ton amie
Nina

fev 79

Mon Francis,

Ma lettre va être noyée au milieu de ton courrier d'admiratrices et sera lue sûrement très vite et oubliée. Je ne me fais pas beaucoup d'illusions là-dessus. Tant pis. Je t'écris quand même pour qu'il reste une trace de mes réflexions à ce moment précis de ta vie et de la mienne.

J'ai été très angoissée pour toi depuis ton retour de Nice... ~~Ce n'est~~ pas parce que tu me vois trop ou trop peu, que tu tiens à moi ou pas — Non ce qui m'a serré le coeur c'est ce que j'ai ressenti en toi.

Je pensais qu'en réussissant, tout ce que tu as de bon et de généreux s'épanouirait — que ta

rage de réussite se calmerait
petit à petit, que tu n'aurais plus
peur de la vie --- C'est le
contraire qui se passe.
J'ai l'impression que c'est comme
un cancer. Des cellules glacées
qui petit à petit gèlent toute ta
chaleur humaine.
Si tu deviens un ordinateur
parfait programmé pour ta
réussite, avec quoi est-ce que
tu joueras la comédie ? Avec
quelle âme ?
Tu entres dans une période
grisante et dangereuse où tous
les gens que tu rencontres te sourient
et te flattent.
Tu ne veux plus faire le moindre
effort pour ce qui n'est pas
indispensable à ta réussite,

cela te paraît inutile, tu te protèges, tu protèges l'essentiel et tu te déshumanise.
C'est plus agréable de voir des flatteurs que des critiques sévères mais c'est si dangereux. Cette lettre est confuse je le crains, mais je ressens très fort ce que j'essaie de te dire.
Moi aussi j'ai du pouvoir sur les gens qui m'entourent. Et je sais très bien comment je pourrais traverser la vie entourée de gens à ma dévotion, que je tyranniserais complètement — mais quelle solitude ! Comme ces gens qui s'humilient devant moi me font de la peine et ne m'intéressent pas. Je n'aime pas les rapports de pouvoir...

J'espère que quand tu auras 50 ans, tu entreras dans une période où ce qu'il y a de beau au fond de toi s'épanouira enfin.

Ton amie

NINA

Une vie au service de son métier.

1977. Lelouch et Hollywood. « Un autre homme, une autre chance » avec Geneviève Bujold.

Le 13.4.1978. « La nuit et le moment ». Francis Huster et Catherine Salviat vont faire du Petit-Odéon, leur royaume. Le royaume des mots et du triomphe.

Francis Huster et Molière.

…Quelques moments de la vie d'un couple.

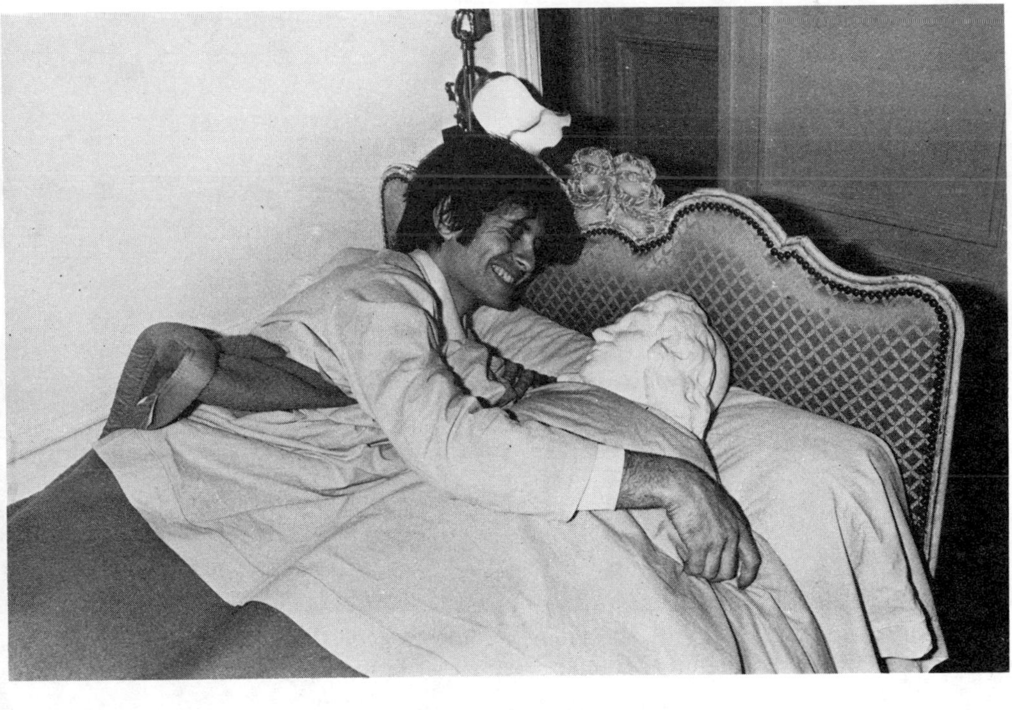

Chez lui avec son baby-foot.

Avec Alfred de Musset.

Au cinéma avec Leatitia Chauveau dans « L'Adolescente » de Jeanne Moreau.

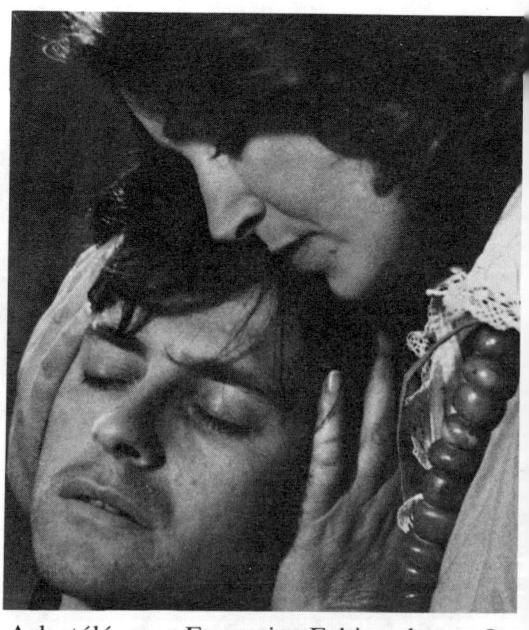

A la télé avec Françoise Fabian dans « La muse et la madone » de Nina Companeez.

LE CASSE DE LA COMÉDIE FRANÇAISE

Francis va commencer le tournage des *Dames de la Côte* en même temps qu'il répète *Dom Juan* de Molière, sur la scène du Français.

Paris s'apprête à fêter le Tricentenaire de la Maison.

Six rois, deux empereurs et cinq républiques ont maintenu cette Institution au premier rang de nos théâtres nationaux.

Mais saviez-vous qu'en 1680, Molière est déjà mort depuis sept ans lorsque la Comédie-Française naît au milieu de mille intrigues ? Saviez-vous que de son vivant, Molière n'était guère joué ? Et qu'on lui préférait Destouches, Montfleury ou Scaron ?

Le passé de cette grande dame bruisse encore de cris et de chuchotements. Huster voulait faire entendre ces bruissements, pour fêter à sa manière le Tricentenaire de la Comédie-Française, en écrivant un livre : *La grande Dame*... Une histoire qui ne verra jamais le jour. Par manque de temps.

Francis grince des dents. Pierre Dux voit son mandat expirer l'été prochain. Un mandat non renouvelé. Une injustice selon Huster. Il va mal digérer cette sentence.

Mais il faut comprendre que les comédiens-français, en cette seconde moitié du XXe siècle, n'ont pas cessé d'avoir des protecteurs. On ne s'étonnera pas que Messieurs Jacques Chirac et Valéry Giscard d'Estaing occupent les positions qui furent jadis celles du roi et de son frère. Car les acteurs du Français, comme le disait Béatrix Dussane, sont toujours les « comédiens du roi ». Et, à Paris, le pouvoir est partagé entre les deux tendances de la majorité d'alors.

Bien sûr, il y a la gauche, communiste ou non. Elle est bien représentée au Français. Jean-Pierre Miquel était son candidat à la succession de Pierre Dux (il était aussi celui de Jean-Philippe Lecat et, semble-t-il, n'était pas tout à fait celui des communistes, ce qui prouve au moins que les choses ne sont pas simples). Giscard d'Estaing a tranché en faveur de Jacques Toja, qui passe pour l'homme d'une fraction de... centre gauche.

L'autre fraction, qui se réclame de la continuité, penche vers Chirac. C'est que Pierre Dux était gaulliste, qu'il appartient désormais au R.P.R. et qu'il est membre du comité culturel placé auprès du maire de Paris. La droite, pour l'appeler par son nom, avait pour champion Jean-Laurent Cochet. Celui-ci a été écarté, mais Jacques Chirac vient de le nommer inspecteur pédagogique de l'art dramatique pour les conservatoires municipaux. Même si ce choix, comme on le dit à la mairie de Paris, n'a rien à voir avec l'affaire de la Comédie-Française, la coïncidence mérite d'être relevée.

Si c'est Pierre Dux qui a préparé le programme des fêtes du Tricentenaire, c'est maintenant à Jacques Toja de prendre le relais.

Nous sommes en avril 79.

Parce que son rêve est de faire inscrire l'enseignement de l'art dramatique au programme des lycées, parce qu'il pense que les comédiens sont d'une nécessité publique, Francis est devenu professeur au Cours Florent. Florent, un de ses maîtres qu'il aime, qu'il admire, qu'il respecte.

Une classe pas comme les autres. D'abord grâce à la

personnalité même d'Huster. Ensuite, parce qu'elle est libre et gratuite.

Les jeunes se bousculent dans la salle comble, au premier étage de la vieille cour du 35, quai d'Anjou, dans l'Ile-Saint-Louis.

C'est là qu'il m'a donné rendez-vous. Il n'est pas encore arrivé. Les filles ressemblent à Adjani. Un hasard (?). Ou bien elle m'obsède ?

Il arrive enfin suivi de celui que j'ai souvent vu à ses côtés : Yves Le Moign'. L'ami d'enfance. Celui venu un jour lui annoncer, dans la cour du Lycée Carnot : « Michel Bernard s'apprête a tourner *Le Petit Bougnat*, vas-y Francis ! »... Yves Le Moign' qui assiste au succès de Francis avec un plaisir et une fidélité rares. Le Moign' est également professeur en ces lieux. Un type fait tout de finesse et de grandeur d'âme. J'aime beaucoup Le Moign'.

Francis me dit : « Ça va, mon Jean-Yves ? ». Il me serre tendrement l'épaule. Mal rasé, il est visiblement épuisé.

Pourtant, toute trace de fatigue disparaît dès que le professeur entre en scène. En scène, avec ses élèves, il devient le complice chaleureux. Là, il se met « à poil ». Il expose. Et, comme toujours, j'assiste à la métamorphose, à la performance...

Le jeune premier romantique passe de la douceur à la violence. Il peut devenir frondeur, réformateur des conceptions théâtrales, dans l'humour et la douleur. Une dynamique tendre et désordonnée. Je le vois jouer de son corps comme d'un caoutchouc. Faire des mimiques à la De Funès, à la Charlot. Il est étonnant lorsqu'il devient Agnès de *L'École des Femmes*, pour rugir d'amour sur Molière.

Molière, il l'emporte au paradis et sa Maison, en enfer. Il devient violent. Molière n'a pas craché seulement son sang, mais ses tripes. « Regardez-moi, clame-t-il, on n'en a rien à foutre de certains des acteurs style Comédie-Française, avec leurs ronrons de merde et leurs grandes phrases d'un Molière desséché et absent. »

Il se fait tout petit, très près de ses élèves, il murmure, les yeux pleins d'émotion : « Molière, ça doit être la simplicité. La tragédie de Racine et de Corneille : la simplicité encore. »

Il se lève, le sourire amer, le regard lointain : « A tous les ronds de jambes et les grandes phrases ornées par la diction pourrie du Français, je leur dis Merde ! »

Voilà, je répète ce que j'ai entendu. Ce jour-là, son enseignement a pris une tournure de procès. Ce jeune dieu du Français en est l'ivresse. Libérateur puis destructeur d'une « Église » structurée au fil des siècles par des hommes mal inspirés.

Or, toujours en cette année 79, Huster ne manquera pas de s'exprimer, de déranger, d'exaspérer, au sein même de cette Comédie-Française qu'il remet en question.

« Sais-tu, me dit-il, que Molière n'aurait pu jouer, sur cette scène, interdite aux créateurs ? »

Or, Francis Huster est un créateur. Il étouffe un peu dans ces lieux. Il a « ses » ambitions, incompatibles avec son épanouissement. Situation que Molière aurait lui-même vécue...

Je sais que le proche départ de Pierre Dux a été le détonateur de cette crise. Mais, Huster, on peut le taxer de tout, sauf d'une absence de sincérité. Il sera sincère jusqu'au bout...

Depuis fin 78 on sait, par les journaux, que l'assemblée générale annuelle de la Société des comédiens-français a procédé au renouvellement du Comité. Elle a élu Geneviève Casile, Jacques Toja et Jean-Luc Boutté, ainsi que Jacques Destoop comme suppléants.

De son côté, l'administrateur général Pierre Dux a proposé à l'agrément du ministre : Bernard Dhéran, François Beaulieu, Claude Giraud et Francis Huster, comme suppléants.

Georges Descrières, nouveau doyen depuis le 1er janvier, en fera partie automatiquement, ès qualité.

Sur les neuf membres du nouveau Comité, trois seulement appartenaient au précédent. Il est assez rare que le remaniement soit d'une telle importance.

Pendant toute l'année 79, grâce à Pierre Dux, Huster sera présent chaque fois que le Comité jugera bon de se réunir... Et cette année-là, celui qui nous fait vivre sur les écrans le « casse du siècle » a la ferme intention de réaliser « le casse de la Comédie-Française ».

DOM JUAN... UNE PIÈCE MAUDITE ?

Plus de 2500 pièces ont été jouées à la Comédie-Française, depuis sa création. Mais c'est à Molière que revient la Médaille d'Or. En trois siècles il aura été joué plus de 29 700 fois. Racine vient en seconde position, avec environ 8700 représentations.

Le samedi 26 mai 1979, le rideau de la Salle Richelieu se lève, sur un *Dom Juan* revu et corrigé par Jean-Luc Boutté.

Une pièce maudite, *Dom Juan* ?

Jouvet a dit un jour à un comédien : « Ne travaille jamais *Dom Juan*. C'est une pièce terrible qui parle de la mort.»

Il est vrai que cette pièce, créée le 15 février 1665, ne fut jouée que quinze fois et qu'elle n'entra au répertoire du Français qu'en 1847, à l'occasion du 225e anniversaire de la naissance de Molière. D'après les milliers de documents qui en témoignent, son succès fut très grand. N'empêche qu'en 1870, on atteignait à peine la soixante-septième représentation. Et il fallut attendre le

27 juillet 1974 pour assister à la deux cent cinquantième, dans une mise en scène d'Antoine Bourseiller.

Une pièce maudite, *Dom Juan* ?

Huster est tourmenté. « Lorsque j'étudie ce dialogue, j'ai l'impression de lutter avec des forces divines. Des forces infernales », me dit-il. Mais il ajoute : « Si j'échoue dans ce rôle, tout ce vers quoi que je tends s'effondre... »

Et rebelote ! Du côté de chez Huster, tout se complique à nouveau !

Quant à Jean-Luc Boutté, lorsqu'on évoque devant lui sa tâche de metteur en scène, il se retranche derrière un clair-obscur d'où n'émergent que ses yeux verts de chat persan. Il a rassemblé des tonnes d'archives, de critiques, de témoignages, d'images, de projets de mise en scène...

Il doit tout savoir sur Dom Juan, on s'en doute. Mais il murmure, le temps de faire frissonner sa moustache andalouse : « Dom Juan recule au fur et à mesure qu'on s'approche de lui. » « Le metteur en scène a une distanciation que je n'ai pas, déclare le héros de la pièce, après les premières répétitions. Je ne sais pas si je suis Dom Juan. Il y a des choses qu'on ne se dit pas, Jean-Luc Boutté et moi. Je n'ai d'ailleurs pas besoin de savoir. Ces choses-là constituent, peut-être, le halo de mystère que le public, seul, pourra recevoir. Je me soumets donc sans restriction à ce qu'il souhaite. Je ne sais pas si je parviendrai à faire ce qu'il me demande. Si je n'y parviens pas, c'est que je suis indirigeable. »

Indirigeable ? C'est un comble ! A la Comédie-Française on n'est « que » dirigé. Un pion. Et au sens noble et Français du terme.

Francis s'interroge sur tout. Il s'agite. Il ne trouve pas... mais il se retrouve, lui. « Plus je creuse le personnage, plus il me semble qu'il est un bloc, une toile d'araignée, dont il est impossible de briser un fil. Il ne se fissure pas de toute la pièce. Sa fêlure est là, dès le départ. » Un cri d'amertume et de désespérance.

Faut-il rappeler que le Don Juam de Molière est irritant et fascinant à la fois. Un jeune noble qui défie le ciel pour satisfaire ses désirs et dialoguer avec la mort.

Aujourd'hui, un Dom Juan pourrait très bien brûler sa vie d'une autre manière. La débauche et les femmes ne seraient plus forcément les seuls instruments de sa perte.

Le Dom Juan de Boutté se veut un cri de générosité, le parcours d'un artiste, d'un créateur qui refuse que « deux et deux fassent quatre ».

Sont-ils si éloignés qu'ils le semblent, le metteur en scène et son comédien ?

Le charme légendaire du Dom Juan de Boutté va opérer non seulement sur toutes les femmes qu'il approche, mais également sur les hommes (la scène avec Don Carlos est jouée d'une manière volontairement équivoque.)

Dom Juan, une pièce maudite ?

La critique est déconcertée, divisée. Jamais indifférente.

François Chalais, dans *France-Soir*, annonce la couleur tout de go : « Vite débarrassons-nous de ce qui nous a gêné dans le *Dom Juan* proposé par Jean-Luc Boutté. Ceci en particulier : la pièce de Molière étant suffisamment étrange en elle-même, pourquoi lui avoir ajouté des étrangetés ? »

François Chalais se demande également par quelle surprenante fantaisie on a confié à Jacques Toja le rôle du père de Francis Huster ? Pourquoi l'on a fait de la discrète et pudique Elvire un sosie de Greta Garbo dans *La Reine Christine* ? Cela dit, il ne discute pas le reste. Autrement dit : le divertissement poétique, intelligent et rythmé. « Et puis, écrit-il, il y a Francis Huster. Avec une stupéfiante aisance. Il se rit de toutes ses difficultés... il explose, à la fois Sade et d'Artagnan, noble et félon, brutal et tendre. La scène n'est pas assez grande pour lui. Rare spectacle et rare comédien ! Je ne sais pas finalement, si Huster est Dom Juan. Ce dont il n'est pas possible de douter, en revanche, c'est que, sur les planches du Français, Dom Juan est Francis Huster. »

Dans *Le Point*, Pierre Marcabru s'interroge : « Qu'est-ce qui pousse ainsi Huster à braver Dieu et les hommes ? Un caprice d'enfant gâté ? Le spleen ? Tout simplement l'inconscience ? Un formidable vide intérieur ? Il s'ennuie, il pense à autre chose, il est absent. »

... Il s'ennuie, il pense à autre chose, il est absent... Je ne sais si Francis a été « dirigeable » ou non. Ou si Jean-Luc Boutté l'a étouffé — notamment sous l'abondance des rubans et des perruques —, mais j'ai trouvé l'acteur condamné à être beau, à respecter sans faute et sans faille le texte... Mais où a-t-il laissé le sang, les tripes, la chaleur de Molière ? J'ai l'impression que dans ces deux décors baroques, il a enfermé son rêve... Et qu'il regarde ailleurs...

Mais il est si difficile aujourd'hui pour un critique, de trouver Huster mauvais ! Huster, c'est Huster. Même s'il n'est pas présent avec son talent, il lui reste le génie. Ce génie qui perce même lorsque disparaît sa fougue naturelle.

Michel Cournot dans *Le Monde* ne peut pénaliser le génie quand il écrit : « Huster s'est établi un quant-à-soi froid, une sorte de position forte d'où il provoque le Ciel sous les apparences d'une impunité provisoire. Mais Huster indique clairement que Dom Juan cherche l'accident, qu'il tâte, sous la nappe, l'abîme du bout du pied. »

Michel Cournot a percé le « mystère ». Il a perçu l'homme. Le comédien.

Dom Juan, une pièce maudite ?

LA GÉNÉRATION ARDENTE

« J'ai la nostalgie des maisons de mon enfance, des grandes familles, des greniers, de mes vacances à la campagne, des grands goûters entre cousins... Je rêve, à mon tour, de reconstruire quelque chose de ce passé autour de moi... »

On croirait entendre Nina Companeez, mais c'est Fanny, la jeune bourgeoise des *Dames de la côte* qui s'exprime. Fanny Ardant, la mystérieuse, la lointaine...

Grâce à cette flamme qui embrase ses yeux noirs, grâce à cette bouche généreuse et sensuelle comme un fruit de la passion, il lui a suffi d'une apparition à la télévision, par un beau soir de décembre 1979, pour conquérir la France.

On va découvrir au fil des épisodes que son regard peut se charger de tendresse et de gravité, et que son sourire peut, tour à tour, se blesser ou se résigner. Fanny Ardant échappe aux normes de la beauté classique. Ses traits sont aigus. Ses sourcils, épais et sombres. Sa voix, basse et sophistiquée, avec des intonations d'une rare élégance... Bref, elle n'est pas belle, elle est mieux que cela.

Dès que je la vois sur le petit écran, je me dis : ça va être un calvaire ! Elle est de la race des stars. Elle va faire ressurgir la génération bénie des vedettes d'antan. Celles de mon enfance. Bondissantes. Somptueuses. Bavardes ou taciturnes... La magie, quoi !

Lorsque je la rencontre, elle me rappelle Lauren Bacall. Elle en a la classe et le parfum. Avec, en moins, les irréparables outrages des ans, et de l'alcool.

Oui, Fanny Ardant, c'est la révélation des *Dames de la côte*. La réalisatrice, Nina Companeez, a mis beaucoup d'elle-même dans le personnage qu'incarne Fanny et elle ne pouvait rêver d'une plus merveilleuse interprète.

Un mois avant la diffusion du feuilleton, personne ne la connaissait. Pourtant, elle jouait déjà la comédie depuis cinq ans. Elle avait même fait partie de la distribution de *La Muse et la madone*... Mais cela n'aurait pas suffi. Il avait fallu *Les Dames de la côte* pour qu'elle devienne vedette. En un seul soir et à sa grande surprise. « Je savais, dit-elle, que je participais à quelque chose d'important, mais je ne supposais pas un tel accueil ».

Les Dames de la côte, c'est avant tout une histoire de femmes. Une histoire de femmes dans laquelle interviennent des hommes très intéressants. A commencer par Francis Huster, Marcel dans le film, et Bruno Devoldère dans le rôle de Raoul. Un comédien fabuleux, Bruno, et bouleversant de beauté. N'oublions pas non plus l'excellent Michel Aumont, dans le rôle de Louis...

Des trois vedettes féminines que Francis m'avait annoncées, une seule fait partie de la distribution : Edwige Feuillère. Un nom qui tonne avec nostalgie à l'oreille de Nina.

Jacques Companeez, son père, a jadis souvent écrit pour Edwige. Notamment à l'occasion de *Je suis une aventurière*, de *L'Émigrante*, de *Sans lendemain*... Nina ne la connaît qu'à travers lui.

Mais, Jacques Companeez meurt en 1956. Alors, comme pour se lancer sur les traces de son passé, Nina va chercher Edwige Feuillère au théâtre. Elle sait déjà que cette immense comédienne, à la fois sensible et vulnérable, est aussi capable de traverser toutes les tragédies de l'existence la tête haute. Alors, pour elle, elle écrit le rôle le plus douloureux, mais aussi le plus joyeux des *Dames*. En toute confiance Edwige Feuillère accepte de travailler avec « une Companeez ».

« Je pensais faire un film sur la guerre, raconte Nina. Tous mes souvenirs sont liés à la guerre. Je voulais évoquer une guerre mondiale. Mais pas celle de 40. Elle me concerne trop, ces camps de concentration m'obsèdent, au point d'enlever en moi toute créativité. »

Elle choisira donc l'autre guerre. Celle qu'à vécue son père. Mais, elle l'évoquera avec son regard et sa sensibilité féminine. Sans batailles, sans canons... Ce qui l'intéresse, ce qu'elle veut filmer, c'est ce que vivent et éprouvent ceux qui restent à l'arrière... Les femmes, en majorité. La guerre de 14 a apporté un bouleversement radical dans le destin des femmes. Elle a donné naissance à la femme moderne, celle d'aujourd'hui. Tous les hommes étaient partis; alors il a bien fallu que les femmes prennent tout en main. Non seulement la vie de la famille, mais aussi celle des champs, des usines, des entreprises... Cette horrible période a été en même temps une période libératrice pour la femme. Une période pendant laquelle il s'est passé des choses irréversibles. *Les Dames de la côte*, ce n'est pas une thèse, mais une fresque aussi romanesque qu'*Autant en emporte le vent*.

Soixante et onze jours de tournage pour un film en cinq épisodes d'une heure trente, bâti sur le modèle, désormais classique, de la saga familiale. Trois générations de femmes. Elles apparaissent dès les premières images, cloîtrées dans les rites d'une société bourgeoise, comme si la Belle-Epoque devait durer toujours. Les aïeules (Edwige Feuillère et Denise Grey) gouvernent, à Feuillemorte comme à La Thouroude, le domaine voisin. Quand la guerre éclate, elles voient s'en aller le XIXe siècle, auquel elles sont toujours attachées. Leurs responsabilités s'affirment. Les autres femmes, Françoise Fabian (Clara), Fanny Ardant (Fanny), Martine Chevalier (Blanche), Évelyne Buyle (Georgette) vont entrer aussi au fil de leurs drames personnels, dans le XXe siècle... Nous sommes en Normandie...

Ascensions fabuleuses, déchéances humiliantes, barrière des classes basculées. Dans le coude à coude sanglant des hôpitaux de campagne, les femmes prennent le pouvoir... Mais en même temps, l'histoire évoque les passions contrariées, les bonheurs et les espoirs brisés de la nouvelle génération. Non, la jeune Fanny ne peut pas réellement aimer Raoul, le bel officier hautain et brutal. C'est de son frère, le sensible Marcel, qu'elle est, sans le savoir, amoureuse. Raoul sera-t-il trahi, ou bien mourra-t-il à la guerre ? Qu'adviendra-t-il de Blanche que Louis regarde d'une drôle de manière, et de Georgette, la petite paysanne montée à Paris et qui va « mal tourner », dévorée par la passion brûlante qu'elle éprouve pour Raoul... Et Clara, la mère de Marcel et de Raoul, supportera-t-elle longtemps d'être délaissée par son mari ? Et nos deux chères vieilles dames, tiendront-elles jusqu'au bout ?

D'une souveraine beauté !

Les télespectateurs et la critique plébiscitent d'emblée *Les Dames de la côte*.

Bientôt, on ne parle plus que du couple Francis Huster, Fanny Ardant. Un couple qui bouscule les traditions. Violente et passionnée, elle sait ce qu'elle veut et mène sa barque. Tandis que lui est inquiet, fragile, meurtri... Les temps ont bien changé. C'est elle, n'en doutons pas, qui deviendra le Chef de Famille...

A eux deux, ils donnent naissance à une nouvelle génération de comédiens. La race des géants est en voie de résurrection.

Les deux 7 d'or, que *Télé 7 jours* décerne en ce début d'année 80, dans le cadre du Festival International de Télévision à Monte-Carlo, couronnent une seule œuvre : *Les Dames de la côte*.

Le premier « 7 » est attribué à l'ensemble de l'équipe. Le second va à la grande Edwige Feuillère, qui symbolise la richesse et le talent des interprètes.

Quant à moi, je décerne un prix d'Excellence à Évelyne Buyle. Évelyne Buyle, c'est la créature de Nina. Une comédienne rare. Géniale. Je lui prédis une réussite extraordinaire.

Enfin, un grand coup de chapeau personnel va à la productrice, madame Mag Bodard, cette petite femme frêle, qui est devenue le leader d'un cinéma d'auteur et capable de prendre de gros risques pour les gens qu'elle aime. Mag Bodard s'est rarement trompée d'histoire d'amour.

Dès le 3 février, Nina et ses comédiens accueillent comme un joli cadeau la rediffusion des *Dames de la côte*, le dimanche après-midi, sur Antenne 2. Soixante-douze pour cent des trente millions de téléspectateurs qui ont suivi le feuilleton une première fois le revoient une seconde fois. Ça aussi, c'est exceptionnel !

Pour Francis, c'est une grande aventure. La télévision lui a conféré une notoriété internationale. On se souvient encore de *Lorenzaccio* et de ses deux cent vingt millions de téléspectateurs. Plus de public en un soir que Musset n'en a eu depuis qu'on le joue ! Aujourd'hui, soit un an et demi après, *Les Dames de la côte* sont vendues dans le monde entier. Maintenant... même en Rhodésie et au Japon, on connaît le nom d'Huster.

Le 26.5.1979 *Dom Juan* de Molière.

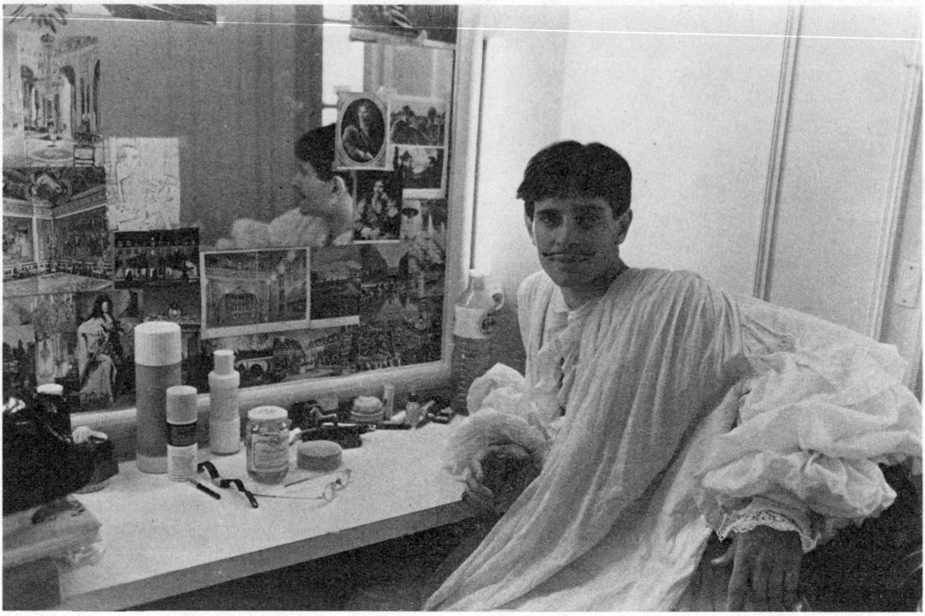

Dom Juan, chez lui, dans sa loge, dans la Maison de Molière...

Francis Huster dans l'enfer des « Egouts du paradis ».

Avec les « Egouts du paradis », dans le rôle de Spaggiari,
Francis va connaître la suprême consécration au cinéma.

Réalisé, écrit par Nina Companeez, « Les Dames de la côte » est le feuilleton le plus plébiscité par les télespectateurs et les critiques de toute l'histoire de la télévision.

Dès le lendemain du premier épisode, un nouveau couple sera sur toutes les lèvres : Francis Huster et Fanny Ardant.

LE PETIT UNIVERS D'UNE HISTOIRE D'AMOUR QUI TOURNE AU DRAME.

Francis a des admirateurs qui l'attendent pendant des heures devant la Comédie-Française. Il reçoit chaque jour des dizaines de demandes en mariage. Des menaces de suicide. Jamais je n'aurais pensé qu'un acteur de théâtre puisse être l'objet d'un tel culte... — *Les Dames de la côte* sont tout de même passées par là. C'est-à-dire sur les écrans de télé.

Je m'exclame, en lisant son courrier :

— Elles sont folles !

Il me répond avec un sérieux déconcertant :

— Non. Je les respecte. L'amour, c'est très respectable.

Je pense que ses admiratrices le confondent avec les personnages qu'il incarne sur scène ou à l'écran. En réalité, elles sont amoureuses des ces personnages, pas de lui. Il est évident que s'il jouait les « troisièmes couteaux »... Ou si encore, elles le connaissaient dans la vie de tous les jours, totalement attachant et invivable !

Il n'est pas le moins du monde gêné que je pense cela. Il

considère — à juste titre — que ce qui compte dans son métier, c'est ce qui se passe sur scène ou sur l'écran.

Invivable, il l'est plus que jamais en cette année 1979, dans cette gigantesque ruche bourdonnante de trois cent cinquante-neuf personnes qu'est la Comédie-Française.

Francis est orphelin de Pierre Dux. Personne n'ignore l'influence qu'avait Huster sur Dux. On appelait ça de la faiblesse.

Dans ce comité qui est aujourd'hui le sien, dans ce petit univers de tensions, de dissensions, de coteries, de complicités aussi, il va souvent détonner.

« C'est un petit monde régi par les nerfs » écrivait Pierre-Aimé Touchard, qui en fut un des administrateurs généraux. Un microcosme tumultueux, déchiré, critiqué, et en même temps d'une farouche solidarité. Dès qu'ils se retrouvent soudain projetés sur la scène, ils sont réconciliés. A l'extérieur chacun d'eux ne parle que de l'amour de la Maison.

Des dissensions, bien sûr, qu'il y en a ! Et pourquoi n'y en aurait-il pas ? Des clans, il en existe. Et alors ? Dehors, ils ont horreur que l'on en parle. Toujours à cause de cette fameuse solidarité...

Francis ne fait partie d'aucun clan. C'est un loup solitaire. Son attachement à la Maison de Molière se nourrit tout à la fois de fidélité, de la conscience de remplir une mission unique pour le patrimoine théâtral, mais aussi de l'espoir d'aller plus loin. D'agrandir, d'élargir la Maison, comme le souhaitait Dux. Une Comédie-Française dans chaque ville de France. Des bâtiments neufs, grands, beaux, qui ne seraient pas réservés à cette minorité qui voit toutes les pièces du Français grâce aux ristournes réservées aux Comités d'Entreprises... Ce système d'abonnement (une des réussites de Pierre Dux) oblige malheureusement à jouer un quart des nouveaux spectacles à bureaux fermés. Cela élimine également la notion de risque, stimulante pour le théâtre et la création.

Non, la Comédie-Française, avec ses trois salles — dont une exiguë — n'est pas devenue le grand théâtre populaire dont rêvaient Dux... et Huster. Et le public du Français n'est pas le grand public. Francis ne le répétera jamais assez. Il a conscience que ce public n'est pas celui qui bâtit des réputations prestigieuses. Huster est la seule star de la Comédie-Française. Grâce à la télé, au cinéma... Aussi, a-t-il contribué à la faire connaître aux jeunes qui ne se déplacent que pour lui... mais les places disponibles sont rares.

La trajectoire de Francis Huster — le cul entre deux chaises — a de quoi faire rêver certains. Son statut lui permettant d'obtenir des congés, il en a usé, il en a même abusé.

Aussi, lors des différentes réunions du comité, lorsqu'il exprime avec véhémence ses opinions sur l'évolution amorcée par Pierre Dux, on se demande de quoi il se mêle. Huster est entré au Français sous Pierre Dux, pour Pierre Dux. Il attend que l'administrateur Toja lui prouve qu'il a raison d'y rester. Il a ses ambitions personnelles de créateur à réaliser. On va oublier trop souvent que le théâtre, c'est « son cœur ».

Parce que la Comédie-Française s'asphyxie, Francis Huster y étouffe. « Si on ne prépare pas la Comédie-Française de l'an 2000, les comédiens joueront moins souvent et devant un public qui, faute de pouvoir s'étendre, se sclérosera... »

Il faut multiplier la capacité du théâtre en ouvrant d'autres lieux. « Ce n'est que dans ces conditions, que l'avenir de la Comédie-Française sera assuré, de nouveau, pour trois siècles. Sinon, l'institution est condamnée à dépérir. » Voilà le verdict d'Huster et la tâche qu'il souhaite que Jacques Toja entreprenne. Convaincre les pouvoirs publics de cette nécessité. Augmenter par là même, dans les mêmes proportions, le nombre des artistes et celui des techniciens.

Pour l'instant, Jacques Toja se retrouve devant les programmes déjà établis par son prédécesseur, pour deux des trois années que durera son mandat.

Jacques Toja n'a jamais été considéré comme une star, ni comme une personnalité subversive. Mais comme un personnage sûr.

La carrière du nouvel administrateur a suivi un chemin « classique ». Né à Nice, en 1929, il entre au Conservatoire National de Paris après ses études secondaires. Il en sort en

1953, avec un premier prix de Comédie, qui le mène sans délai au Français. Il est, comme tout le monde, engagé comme pensionnaire. Il tient les emplois de jeunes premiers et se fait remarquer réellement quatre ans plus tard dans *Le Barbier de Séville*, où il tient le rôle du comte Almaviva. C'est précisément cette année-là qu'il fait une fugue au Boulevard. Il y joue *La Mama* d'André Roussin, aux côtés d'Elvire Popesco. Il rejoint la Maison de Molière. Il est nommé Sociétaire en 1960. En 1964, il devient membre du conseil d'administration.

Non, avec Toja, le ministère de la Culture et de la Communication, et l'Élysée, ne risquent aucun bouleversement immédiat. Jacques Toja va faire preuve d'un sens psychologique aigu et d'une faculté d'adaptation sans égale. Il sait que sa nomination est purement politique... et que les traditions sont fortes. Si fortes qu'Huster ne peut plus ouvrir la bouche sans déranger.

Évidemment qu'il dérange, quand il a envie de faire éclater cette Maison et de changer la vie qu'on y mène. Et le travail qu'on y fait. Changer cette Société aux rites mystérieux...

Huster dérange quand il dit ce qu'il pense sur chacun. Lorsqu'il déclare à Jean-Luc Boutté qu'il est « Meyer ou Molière », selon les circonstances et le sens du vent... Lorsqu'il va trouver trois des acteurs de la troupe pour leur dévoiler les critiques qu'il vient de formuler sur eux, devant le comité. Cela s'appelle de la franchise. Mais ce n'est pas dans les usages.

Élargir l'ouverture entreprise par Pierre Dux compte parmi les objectifs majeurs du jeune sociétaire. Mais il faut commencer par le Comité. Par le dialogue.

Son offensive va se trouver très vite entravée par les susceptibilités de chacun. Huster ne fait que provoquer des grincements de dents... Et cela, avant Toja.

Ainsi, un jour, en revenant, pourtant sain et sauf, de l'une de ces réunions, il m'apparaît complètement étonné, écorché, mal aimé. Il me raconte ce qui s'est passé, comme un enfant victime d'une injustice.

Le Comité, ce jour-là, s'était réuni pour présenter le programme établi par Dux pour les fêtes du Tricentenaire et discuter de l'attribution des rôles. Oui, Huster est bien distribué.

Il sera Dom Juan et, dans *La Mouette* il sera dirigé par Otomar Krejca. Dans *Les Caprices de Marianne*, c'est François Beaulieu qui le mettra en scène... Des pièces prestigieuses, des rôles superbes ! Il n'en attendait pas plus. Ni moins d'ailleurs. Et puis, on apprend que son ami, Jean-François Remy veut monter *Bérénice* — Huster approuve — avec Geneviève Casile dans le rôle de Bérénice. Cela suscite dans le for intérieur d'Huster, un immense éclat de rire. Non pas qu'il sous-estime les qualités de la comédienne, mais parce qu'il ne voit pas vraiment cette jolie blonde, rose et tendre dans le rôle de Bérénice, une « juive huileuse », « noire », « violente », « sensuelle »... Vraiment, Francis Huster se demande comment Geneviève Casile « n'a pas le trac » en acceptant le rôle. Il le lui dit bien haut.

Bien sûr, il fallait s'y attendre, cela ne fait pas plaisir. Bien sûr, on lui rétorque : « Et toi, es-tu Dom Juan ?, Dom Juan, est-ce toi ? ». Ce à quoi il répond : « Non. Mais Dom Juan, c'est un travail de recherche. » — sûr qu'on le cherche depuis 1665 ! « Bérénice, c'est une conclusion artistique » selon Huster.

A tort ou à raison (ce n'est pas à moi de juger), sa prise de position n'est que la résultante d'une sensibilité exacerbée et d'une connaissance approfondie des exigences de l'art dramatique. (Il n'est est pas moins vrai que Diderot déclarait que c'était là deux réalités totalement incompatibles.)

— Mais de quoi te mêles-tu ? dis-je à Francis. La question m'a échappé.

Il me regarde alors avec une irrésistible fureur que je discerne dans son regard rempli de larmes.

— Bon, d'accord ! — Il a le geste vague d'un justicier incompris. Il ajoute : « Je me mêle de ce qui me regarde. » Il souffre, il bondit enfin : « Veux-tu me dire pourquoi, un comédien remarquable, cocasse, pétillant, émouvant comme Alain Feydeau, a été mis à l'écart du Français ? »

Je lui fais signe que « non ». Parce que ce n'est pas mon problème. Il faut dire qu'il me « chatouille » quand même, avec sa « révolution », qu'il porte comme un deuxième cœur !

Il marmonne entre ses dents : « Injustice. On n'a su l'utiliser que pour ce que son nom représente... »

Cela lui a tapé sur les nerfs. Il préfère allumer la télévision. Ça fait néanmoins mal quelque part de le voir se mettre dans cet état au nom du sacro-saint répertoire classique.

Un fait est certain — soyons sérieux —, Bérénice, tout comme Dom Juan ou Britannicus, sont-ils autre chose que les véhicules de sentiments catalogués « hors du commun » en raison seulement du langage qui les exprime ? Je rejoins Francis, quand il dit que le seul chemin qui les ramène à l'authenticité de l'expression tragique passe par la crédibilité des comédiens qui les incarnent. La parfaite compréhension du physique, du mécanisme sentimental et psychologique tels que les ont créés leurs auteurs...

Quoi qu'il en soit, Bérénice, sous les traits de Geneviève Casile, c'est évidemment très discutable... De même, après Francis Huster, on continuera longtemps encore le travail de recherche de Dom Juan... Même si, à mon avis, la critique est, à son égard bien plus qu'indulgente. Mais, entre la critique et Huster, c'est une histoire d'amour qui n'en finit pas de durer. Alors que l'histoire d'amour d'Huster et de la Comédie-Française commence à tourner au drame.

En fait, si tout ce petit monde semble tourner en rond sur lui-même, c'est que son rôle est le plus pauvre du répertoire. En effet, les sociétaires forment, seuls, la Société des comédiens-français. En principe, ils doivent gérer leur théâtre et se partager les bénéfices. En réalité, il n'en est rien. Seul l'administrateur passe les marchés, au nom de la Société. Il agit seul en justice. C'est lui qui conclut les contrats. Lui qui engage le personnel salarié. Il a, de plus, un pouvoir de décision dictatorial en ce qui concerne le répertoire. C'est toujours lui qui décide quand, comment et par qui les pièces seront jouées.

Tant et si bien que, lors de la dernière réunion qu'a tenue Pierre Dux, en présence de tous les membres, Huster a posé avec véhémence la question : « Puisque seul l'administrateur a un pouvoir souverain, à quoi servons-nous ? »

A la stupéfaction de tous, tel César à Brutus, Pierre Dux — avec ce même regard qui les lie depuis des années — a répondu à Huster : « C'est vrai, Francis. Absolument. Le comité ne sert à rien... Sinon, en fin d'année, à augmenter ou à renvoyer les gens de la Maison. Et à faire aussi le travail le plus ingrat : celui de vous juger les uns les autres. C'est vrai, vous ne servez à rien. Vous êtes consultatifs. Rien de plus ! »

Eh oui, les traditions ! Les unes infiniment respectables. Les autres, absolument détestables. Dux « le réformateur » a néanmoins été tiraillé par les unes et les autres...

Le dernier jour du mandat de Pierre Dux, Francis Huster lui a involontairement ouvert une plaie.

C'est là que Francis a compris que la Comédie-Française était tôt ou tard, un vaisseau voué à la perdition. Dux l'a mené d'une main sûre. Il a amorcé un virage... Mais tout reste encore a faire.

Seul, un homme de théâtre, intransigeant, jeune, se vouant tout entier et tout le temps à la Maison, un artiste de tête et de cœur, doté d'une parfaite connaissance du répertoire classique, saurait lui préparer une longévité prodigieuse. Un homme moderne, qui comprendrait l'utilité de renouveler, chaque année, tous les membres du comité. (On revote depuis des années pour les mêmes qui disent du bien des mêmes depuis des années.) Bousculer les vieilles inhibitions... Construire des bâtiments neufs... Un homme qui serait convaincu que l'avenir du théâtre populaire passe par la télévision. « La télévision par satellite — prophétise Huster — va provoquer, dans les années 80, la même révolution que l'invasion des microsillons anglais et américains, il y a vingt ans. Comment le théâtre pourrait-il continuer à exister s'il reste en dehors du mouvement ? Est-ce que la retransmission des rencontres de football a vidé les stades ? C'est tout le contraire ! »

Cet homme est-il Jacques Toja ? Huster ne se fait aucune illusion. Toja n'a pas été nommé là pour ça. En outre, il n'a rien à reprocher à Toja. Il croit peut-être que c'est lui, jeune fou de théâtre, qui parviendra à convaincre cette vieille dame qu'est la Comédie-Française, de vivre avec son temps... et, pourquoi pas, de se marier à une chaîne de télévision ?

Quand il me tient ce genre de propos, je lui dis : « Je comprends, mais tu rêves. » Il me répond : « Tant pis, ce sera une cause de rupture. » Il sait que Jacques Toja ne lui prouvera jamais qu'il a raison d'y rester, dans cette Maison, si bien chauffée... où l'air lui est devenu irrespirable.

Huster n'est heureux qu'à l'instant où il déambule dans les coulisses, à l'attente des trois coups. La scène. Le public. Il ne va vivre désormais, au Français, que ces instants-là de bonheur.

DEUX OU TROIS CHOSES QUE JE SAIS D'HUSTER

« Les enfants ? Oui, j'adore les enfants. Ce sont les meilleurs acteurs du monde. Il faut savoir retrouver l'innocence de l'enfance pour jouer, pour aimer. »

C'est ce que dit Francis. Il parle des enfants dans la vie et non pas sur scène. Cette vie, qui pour lui, existe mieux et semble plus forte, lorsqu'il se l'accorde enfin, après dix-huit heures de travail. Une courte « récréation », parfois, qu'il n'a pas le temps de gâcher. Une joie enfantine...

« J'ai voulu être prof parce que je tiens à rester en contact avec les jeunes. Ceux avec lesquels je travaillerai dans dix ans. Je veux connaître leur mentalité, savoir en quoi ils diffèrent de nous... Avec eux, je prépare la Comédie-Française de l'an 2000... »

« Être beau, c'est être soi. Quelqu'un qui ment n'est pas beau. On a le visage qu'on mérite. C'est l'histoire du portrait de

Dorian Gray. Quand on n'est pas en contradiction, en mensonge vis-à-vis de soi-même, on est beau. Je connais des gens très méchants qui sont beaux, parce qu'ils sont en accord avec eux-mêmes... Souvent les gens se cachent. Il ne veulent pas qu'on les découvre de l'intérieur. Moi, j'adore surprendre quelqu'un quand il lit. Il lève la tête, et c'est extraordinaire. Il est complètement différent. Puis, une autre personne arrive, et il change encore de physionomie. »

Qui a dit que Francis Huster ne contemplait que son propre nombril ? Moi, le premier, et je le confesse volontiers. J'avais peut-être tort. Au-delà des apparences et du jeu, Francis est un grand observateur de la condition humaine. Et c'est là, le secret de ses métamorphoses.

« Il a de multiples visages » dit-on. C'est exact. Sur scène ou dans un film, il change de tête. Selon le personnage qu'il interprète. Selon la personne qui s'adresse à lui.

Lorsqu'on lui propose un rôle, il lit d'abord le manuscrit. Il étudie le personnage qu'il devra interpréter et il comprend très vite s'il correspond à « ce qu'il est » ou à « ce qu'il acceptera de devenir ».

Ainsi, dans *Les Dames de la côte*, Marcel, c'était lui. Net. Clair. Indiscutable.

Quand il incarne Treplev, dans *La Mouette*, qui sort le 19 avril 1980 sur la scène de la Comédie-Française, Francis Huster n'est plus lui-même. Il s'est confondu avec Treplev. Avant même d'apprendre le texte, il a changé de vie, modifié ses horaires, ses lectures, ses repas, ses regards sur le monde. Il est devenu ce personnage singulier qui vit, au-delà des apparences, un destin singulier, fait de malentendus. Donc, de malheur. (On imagine combien il est malaisé de vivre une quelconque intimité avec Francis en ces périodes.)

Les rapports de Francis avec Otomar Krejca, qui est réellement l'un des cinq plus grands metteurs en scène de ce monde, sont faciles. Huster va devenir son instrument. Il va se donner à lui, tout entier. Au service de la vérité et de Tchekhov. Krejca est attentif au texte. Mais il n'ignore pas que les mots ne sont que l'écorce. En les décodant, il découvre la sensibilité des comédiens et du spectacle. Très vite, il déchiffre les pulsions de

Francis et sa passion pour le théâtre. Il devine qu'en plongeant jusqu'au plus pathétique de lui-même, Francis trouvera Treplev.

Une mutation qui, sur scène, atteint l'osmose. Inouï !

Avec Krejca s'accomplit, à la Comédie-Française, « Le miracle Tchekhov », comme le titre la presse. La pièce, écrit François Chalais, « arrache les larmes et les bravos ».

Si *La Mouette* a été la consécration d'Otomar Krejca, sa rencontre avec Francis Huster a été l'un des plus grands moments de sa vie. Krejca a terriblement « ressenti » ce jeune comédien en rébellion dans sa Maison. Il s'est identifié à lui. Parce qu'il lui rappelait cet homme, encore jeune, qu'il avait laissé, il y a quelques années, là-bas, en Tchécoslovaquie...

La Mouette restera dans leurs cœurs, comme une musique entêtante et mélancolique, qui s'obstine à rappeler que la vie n'est faite que de tensions et d'élans perdus...

MÉFIEZ-VOUS D'HUSTER !

En 1980, après le triomphe de *La Mouette* et malgré sa cheville cassée lors de la générale des *Caprices de Marianne*, avant même le succès insolent qu'il remporte — avec son ami Weber — sur la scène du Théâtre du 8e, à Lyon, Francis Huster va encore irriter. Bien malgré lui, d'ailleurs.

Deux articles vont ajouter ce soupçon, ce trois fois rien, qui va indisposer plus que jamais « le petit monde régi par les nerfs » du comité de fin d'année, rassemblé à la Comédie-Française.

Le premier est écrit dans *Astres*, par Régine Ruet, réputée pour son sérieux et ses compétences :

« ... L'aile montante, la jeune génération semble bien représentée par Francis Huster, le magistral interprète du théâtre de Musset, (dont Lorenzaccio) et avec lequel il présente astralement de remarquables affinités étant lui aussi né sous le signe du Sagittaire, le 8 décembre 1947, à 12 h 45 à Neuilly-sur-Seine.

Son ciel de naissance est, ô combien, révélateur d'une carrière exceptionnelle, puisqu'une triple conjonction Mercure-Jupiter-Soleil passe à sa culmination de midi en excellent aspect d'une conjonction Saturne-Pluton en Lion dans la maison VI du travail et au sextil de Neptune en Balance; signe dans lequel se présente la Lune à 28° 33' exactement conjointe au Soleil de fondation de la Comédie-Française; Lune qui forme un beau trigone à Uranus en Gémeaux, angulaire au fond du ciel et de l'ascendant à 28° 30' du Verseau dont les maîtres planétaires Uranus et Saturne sont en sextil. Certes, la personnalité de Francis est très complexe, voire tourmentée, souvent frondeuse et contestataire, sous l'opposition sur le méridien du Soleil et d'Uranus et du carré de Mars angulaire en pointe de Maison VII à Mercure (cette dissonance déjà présente chez Toja, évoque celle du thème de fondation), mais imprégnée d'une confiance irrésistible en soi, bien soutenue par un puissant complexe spectaculaire issu de la belle conjonction Soleil-Jupiter, Jupiter étant maître du Soleil situé dans son signe.

L'alliance Sagittaire-Verseau dénote générosité et intelligence vive, avec cependant une certaine retenue et circonspection sous le regard de Vénus en Capricorne. Une grande indépendance, des idées originales et aussi un don de soi au profit de la collectivité, même si un puissant narcissisme habite le personnage, fort doué pour transmettre, par la voie de l'enseignement, son art. L'harmonie existant entre Uranus et Saturne, le futur et la tradition, constitue un gage indéniable d'équilibre intérieur comme la possibilité de réaliser en soi-même et sur le motif la synthèse des deux grands courants qui marquent la vocation de la Comédie-Française. Aussi dans un avenir plus lointain, et lorsqu'il aura pris des ans, la sérénité et l'expérience, FRANCIS HUSTER SEMBLE TOUT DÉSIGNÉ POUR ASSUMER AVEC SUCCÈS LA FONCTION SUPRÊME.

Pour l'heure, le temps est aussi à la réussite puisque la fougue, le pouvoir de séduction et les dons de l'acteur sont puissamment soutenus par la très belle conjonction Saturne-Jupiter à l'entrée de la Balance au sextil prolongé pour 1981 et 1982 des planètes de naissance en Sagittaire et en Lion. Tout sourit à notre homme sur le plan métier, avec sans doute de vastes projets en liaison avec (par ou pour) l'étranger, même si Vénus en Capricorne, blessée par le carré de Saturne et de Jupiter, signale des déceptions et chagrins dans le cadre de la vie privée, à moins qu'il ne s'agisse d'un rôle tout de tristesse et de drames. Avec un acteur, on ne sait jamais bien où commence la fiction et où finit la réalité, où s'arrête l'homme et où commence le rêve. »

Ces lignes sonnent mal dans la Maison de Molière. On va s'efforcer de ne plus croire en l'astrologie !

Le second article n'a pas été moins détonnant. C'est celui de Philippe Bouvard, dans sa critique de *France-Soir*. Le chef de file des jeunes loups de la Place du Palais-Royal parle d'une révolution souhaitable dans la Maison : « Une vie artistique ne se juge pas sur une nomination au sociétariat. Moi-même, j'ai démissionné quatre fois[1], et quatre fois je suis revenu sur ma décision. Le Théâtre-Français est en pleine révolution. Ce n'est pas encore la terreur, mais on s'en approche. Or, dans une révolution, il y a toujours des charrettes. Je suis comme Bonaparte. Je fais mon pont d'Arcole en pensant que Napoléon finira bien par arriver. Notre théâtre n'est finalement que le miroir de la Société actuelle. »

Et Philippe Bouvard conclut avec un humour à donner des indigestions : « C'EST ÉGAL, À LA PLACE DE TOJA, ON SE MÉFIERAIT D'UN BONAPARTE QUI LAISSE AUTANT PERCER NAPOLÉON. »

A la Comédie-Française, on n'a jamais oublié que Napoléon, en signant, depuis Moscou, le décret instituant la Société des Comédiens-Français, songeait d'abord à servir sa propre gloire.

Désormais, il faut réellement se méfier d'Hustev. Si Philippe Bouvard et les Astres s'en mêlent !... C'est beaucoup plus sérieux qu'on ne le pensait !

1. En ce qui me concerne, je ne compte toujours que trois démissions. J'ai longtemps cherché celle qu'il m'aurait cachée.

LA PETITE PHRASE EN POINT D'INTERROGATION

Voilà, en ce comité de fin d'année, en l'absence de Francis Huster, on se méfie plus que jamais de ce Bonaparte qui laisse autant percer Napoléon.

Quoi qu'il en soit, et sans procès d'intention, le comportement de Francis Huster ne s'inscrit pas dans la tradition des comédiens français. Ni dans leurs usages. Le linge sale, on le lave en famille, dans la grande famille du Français, sous le regard de Molière et non pas de Philippe Bouvard ou d'un quelconque journaliste.

Ce jour-là, il y a l'administrateur, Jacques Toja. Il y a le Doyen : Georges Descrières, le dernier en date — Molière fut à titre posthume nommé le tout premier.

Les six membres titulaires de droit sont présents : Jean-Paul Roussillon, Michel Etcheverry, Denise Gence, Geneviève Casile, Jean-Luc Boutté, Jacques Sereys. Ainsi que deux des membres suppléants : Simon Eine et Catherine Hiegel.

La petite phrase en point d'interrogation est lâchée : *Francis Huster est-il un homme de troupe ?*

Par qui ?

C'est sans intérêt.

L'intérêt eut été que quelqu'un se lève et dise : « Emmerdeur, O.K. ! Mais de troupe sûrement ! »

La petite question est restée sans réponse. Un simple point d'interrogation... Un point d'interrogation qui va déclencher le divorce.

Car cette question, c'est une remise en question. Un désaveu. Pour Francis, c'est une trahison.

La rupture, il s'y préparait un peu. Mais il n'a jamais pensé qu'il pourrait être rejeté. Parce que... qu'est-ce que ça fait mal, de se sentir rejeté !

« SI UN JOUR, TU TE SENS ORPHELIN... »

Jacques Toja prend acte officiellement de la démission de Francis Huster le 28 janvier 1981.

Mais après la lettre d'amour que Francis a écrite le 29 mars, le soir de sa « dernière », à tous ceux qui furent sa famille : administrateur, Doyen, ceux qui furent ses amis jusqu'au bout, ceux qui l'ont aimé, ceux qui l'ont moins aimé. Oui, après cette lettre, Jacques Toja tente de lui répondre personnellement avec une grande tendresse :

Le 7.4.81

Cher Francis,

Je te remercie de ta lettre. Je ne te cacherai pas que j'ai été peiné par ton départ. Même si je ne le considère pas comme une réaction contre la politique artistique que j'entends mener, je ne peux m'empêcher de penser que tu te devais de rester avec nous. Par reconnaissance pour cette Maison qui t'a soutenu et aimé, mais aussi parce que ton talent, ta notoriété, auraient pu m'aider à faire ce que nous souhaitons tous : placer la Comédie-Française au cœur même de la réflexion dramatique et du combat théâtral. Tu m'écris que tu reviendras : rien n'est moins sûr et, de toute façon, je ne serai plus là pour t'accueillir.

Je te souhaite beaucoup de bonheur, beaucoup de succès aussi. Même si elle perd un de ses fils, la Comédie-Française continuera à vivre et à gagner des batailles. Si, un jour, tu te sens orphelin, n'hésite pas à venir nous voir, le cœur des comédiens est immense.

Je t'embrasse très affectueusement.

JACQUES TOJA

Par cette lettre qui a fait tant de bien à Francis, je comprends qu'un amour fou, puissant et pur, les anime tous. Beaucoup plus qu'un répertoire, qu'un style, qu'une Maison classique, la Comédie-Française est et restera un théâtre. Pas meilleur, ni plus mauvais que les autres. Avec autant d'injustice et de haine, de jalousies qu'ailleurs... Tout y est à refaire, de A jusqu'à Z... Mais elle est indestructible. Sa force, elle la puise en cet amour de la troupe que, depuis Molière, ses comédiens se portent et se transmettent de génération en génération.

Le 7.4.81

COMÉDIE FRANÇAISE 1680

L'ADMINISTRATEUR GÉNÉRAL

Cher Francis,

Je te remercie de ta lettre. Je ne te cacherai pas que j'ai été peiné par ton départ. Même si je ne le considère pas comme une réaction contre la politique artistique que j'entends mener, je ne peux m'empêcher de penser que tu te devais de rester avec nous. Par reconnaissance pour cette Maison qui t'a soutenu et aimé mais aussi parce que ton talent, ta notoriété auraient pu m'aider à faire ce que nous souhaitons tous : placer la Comédie Française au cœur même de la réflexion dramatique et du combat théâtral. Tu m'écris que tu reviendras : rien n'est moins sûr et, de toute façon, je ne serai plus là pour t'accueillir.

Je te souhaite beaucoup de bonheur, beaucoup de succès aussi. Même si elle perd un de ses fils la Comédie Française continuera à vivre et à gagner des batailles. Si, un jour, tu te sens orphelin n'hésite pas à venir nous voir le cœur des comédiens est immense. Je t'embrasse très affectueusement.

Jacques Toja

DÉJA... DEMAIN.

Je n'ai pas vécu sans inquiétude les jours qui ont suivi ce « divorce à l'amiable ». J'ai cherché mon ami Francis Huster, qui n'était ni chez lui, ni chez sa mère, ni dans les lieux que nous avions l'habitude de fréquenter. Je sais qu'il se terre. Je respecte. Il doit vivre sa douleur en loup solitaire. Immobile. Craignant de se frotter à ceux qui l'aiment. Il préfère les fuir. Fuir leur contact.

Je le revois, ce « dernier soir », son teint fatigué, son expression de profonde tristesse, son sourire qui n'arrivait pas à cacher la crise terrible qu'il traversait...

Oui, aujourd'hui, je sais qu'il souffre comme une bête. Mais sa souffrance, c'est sacré. Je sais qu'il n'accepterait aucune injurieuse bonté. Il n'a besoin de personne pour l'assister. Je respecte. Je l'attends avec tout ce que je préfère de lui : sa pudeur, son honnêteté, son talent.

Je le revois lors du Festival de Cannes, en mai 1981... à la terrasse du Carlton. Pas tout à fait par hasard. Il est assis. Il se lève sans un mot. Un mouvement automatique et nous partons ensemble.

Rien ne semble persister de ses tristes amours. Il fait l'émission de Sabatier « Avis de recherche ». Il me dit que c'est important pour lui.

On se promène sur la plage. Il a retrouvé la lumière. On ne parle pas beaucoup. On respire le parfum d'un très grand bonheur retrouvé. Comme une ivresse d'exister. Sur la Croisette, les jeunes filles sont à ses trousses. Il distribue des autographes. On marche encore. Il me dit : « Tu vas voir, on les aura. » Je suis heureux de lui retrouver les mêmes expressions « qu'avant ».

On parle un peu du film de Lelouch *Les uns et les autres*, que je n'ai pas encore vu. Il me décrit la scène finale. Celle « qui fera date dans l'histoire du cinéma », selon lui. Celle au cours de laquelle se retrouvent tous les personnages du film. Celle où Lelouch et Bejart dirigent le Boléro obsédant, face à la Tour Eiffel... « Impressionnant, me dit-il. Tu aimeras, je le sais. »

Oui, fascinant comme je vais m'en rendre compte quelques jours plus tard. Une nuit exceptionnelle où la lumière a joué avec l'eau, la caméra avec les visages, où la musique de Ravel martèle les images en crescendo... Une ambition insensée. Un rêve réalisé... Francis a retrouvé Fanny Ardant. Lelouch les a réunis en cours de tournage, tant il les a trouvés superbes dans *Les dames de la côte*...

Avec Francis, on parle de Fanny. De sa présence, de son physique hors du commun. De son élégance d'un autre temps... « Elle ne peut être que la plus grande ou rien » décide Francis.

Ils sont de la même race. Je le pressentais. Leurs volontés bouleversent tous les obstacles et leur fragilité est sans bornes.

Mais si Huster a formé un très beau couple avec Fanny Ardant, je ne peux oublier ses élans inconsidérés avec Catherine Salviat dans *La Nuit et le Moment*. Ni même le couple sublime et romantique des *Caprices de Marianne*, avec Ludmila Mikaël.

Dans mille ans, on devrait retrouver leurs traces dans l'histoire de la Comédie-Française.

Ludmila Mikaël, c'était « sa femme »... sur la scène du Français — Catherine Salviat, sa maîtresse.

Je sais que lui-même n'oubliera jamais.

Les locaux du « Club House » sont insuffisants pour contenir tous les spectateurs cordialement invités tout au long de l'« Avis de recherche » de Francis Huster lancé par le sympathique Patrick Sabatier.

Francis qui a affronté les plus grands publics, lui qui n'a jamais eu le trac, ce jour-là, il tremble comme une feuille. Comme s'il avait à accomplir quelque chose de difficile ou une action héroïque. Mais, dès que l'antenne est à lui, le miracle se produit. Il a un sourire radieux. Je cherche et ne trouve pas, le petit signe de détresse qui marquait tout à l'heure le coin de sa bouche. Il vient de renaître. En direct. Face au public.

Il est dix-neuf heures. Le soleil se baigne dans la mer.

Quittant le Port Grimaud, nous roulons lentement. Les affiches du film de Zulawski, avec Adjani échevelée de tentacules, ont pris possession de la Croisette. Il esquisse un sourire à mon intention. « Elle l'aura... son prix d'interprétation. Tu verras. » Ses yeux ont pris la couleur d'une algue marine... Et l'humour a ressurgi.

Chaque jour, sa gaieté monte d'un demi-ton. Son regard est plus brillant. J'aime l'animation qu'il crée autour de sa personne... Son humeur impatiente... Son rire aérien... Ses dents luisantes... Parce que je sais qu'il surmonte, par sa hardiesse, cette petite douleur qui persiste tout au fond de lui. Comme ces fleurs délicates, qui poussent sur la Côte d'Azur jusqu'à l'extrême automne, pour s'épanouir de nouveau à l'approche du printemps.

Francis est sauvé. Il se montre cabot, fragile, insupportable, ambitieux — plus que jamais —, étonnant, insaisissable — autant qu'avant ... « Vous allez voir, maintenant, je vais exploser ! » Et il commence sur le champ. Sur la Croisette, il n'y a plus que lui et les petits oiseaux... et Adjani, qui n'est toujours pas arrivée.

Il donne et déclare aux journalistes tous ses profils : « J'ai eu des prix d'excellence toute ma vie... Et je fais très bien l'amour.

Merci. » Personne ne lui en demandait tant. Ouf ! Moi, je sais qu'il est réellement sauvé. Parce que je connais cet oiseau-là. C'est sa manière à lui de se « recharger ». Mais également un personnage spécial que je redécouvre chaque fois. Fragile et tout en nuances. Il a besoin pour s'étoffer d'être confronté aux autres. C'est lui qui m'a convaincu que les fans faisaient partie de son métier, au même titre que le travail, sur un plateau. Il n'y a rien de pire pour un acteur que de se sentir ignoré.

Oui, avec les autres, Francis est plus que jamais séduisant. Il connaît son métier par cœur. Avec les journalistes, il joue le jeu et le fausse. Tout cela, il le fait naïvement. A la fois confiant, candide et juvénile. Le tout avec intensité, respect et folie, aussi.

Et puis, peu de gens comprennent et perçoivent la petite lueur qui brille au fond de son regard. Quand ses yeux commencent à chercher ailleurs... et que son visage se coupe alors d'un sourire qui s'en va retrouver la faiblesse originelle. Sa solitude.

Une nuit, au retour d'une très agréable soirée que nous avons passée en compagnie de Patrick Sabatier, à Mougins, sur les hauteurs de Cannes, je ne lui ai pas seulement parlé. Je l'ai questionné. Il ne s'est pas défendu. Il me permet même de « l'ausculter ». Oui c'est vrai, cette « petite lésion » persiste lorsqu'il m'avoue, sans lever le ton : « Tu sais, je n'ai pas perdu mon temps au Français... (à qui le dit-il !)... Si le petit Bonaparte que j'étais en a eu assez de piétiner, il reviendra un jour en Napoléon. Je te le jure. » J'entends son souffle calme, frais, régulier. Il ajoute : « A moins que j'aie étendu mon empire ailleurs. »

Dans quelques jours, il s'en va rejoindre Nina Companeez, pour tourner *Le Chef de Famille*, du côté de Castelmoron. Là-bas, il retrouvera Edwige Feuillère, Fanny Ardant... Mais la Comédie-Française ne sera pas absente, Pierre Dux et Georges Descrières font également partie de la distribution...

« Je veux choisir désormais mes sujets au feeling, au coup de foudre... Je veux être un soldat du rire à la française. Un rire philosophique. Un rire cynique. » Il est un clown violent et déchiré. Il recommence à risquer sa vie à 100 millions à l'heure. Ça l'entraîne dans des tourbillons de déclarations qui dépassent sa pensée. Il remet toute sa carrière en question... « J'ai eu la chance d'avoir été le tendre et romantique Docteur Jekyll, aujourd'hui, je veux être Mister Hyde, baroque et dangereux... » Je crois qu'il se trompe. Que c'est tout le contraire. Jekyll est enfin débarrassé de Hyde.

Mais au fond de tout ça, il existe, en lui, une petite musique qui l'accompagnera toujours, quoi qu'il fasse. Cette petite musique chère au cœur de Nina Companeez... en « *la* bémol majeur ». Prodigieusement, il y ajoute les mots qu'il faut, sur cette musique, quand il évoque l'amour de la vie, l'amour de la mort, l'amour de l'art, la difficulté d'être en général et d'être Huster en particulier. Il a déjà joué avec tous les styles. Sur sa partition actuelle, je déchiffre qu'il veut se jouer lui : l'amour de l'amour, enfin ! Un personnage solitaire, tombé sur un os. Un Os de Cœur... écorché, un mélange de courage et de faiblesse.

S'il y a quelque chose d'héroïque dans son menton, c'est parce qu'il est un vrai héros du XXe siècle. Très bien mis en avant-scène pour cacher sa fragilité. Sa seule protection. Esclave de sa passion.

Je lui ai souvent dit : « Arrête ton char ! » (c'est-à-dire « arrête de faire ton panégyrique »). J'ai souvent passé mon temps à le taquiner : « C'est Weber le meilleur. S'il avait ce plus d'exhibitionnisme que tu as, tu verrais ! » J'ai aussi souvent plaisanté au sujet d'Adjani : « Tu ne lui arrives pas à la cheville ! D'ailleurs, en ce qui concerne la cheville, tu ne supporterais pas la comparaison. »... Des boutades ? Des vérités ?... Mais je lui ai toujours reconnu tout ce qui n'est pas public chez lui : ses qualités de patience, d'obstination, de travail et d'humilité. Ses fidélités émouvantes. Ses regards sur ceux qu'il aime et qui ont 999 raisons sur 1000 de l'aimer. Non, le phénomène Huster n'est pas un hasard. Quand on est contaminé par l'hustérite, c'est pour la vie.

Sa vie vient de passer devant mes yeux avec une rapidité qui tient de l'enchantement. Huster, c'est un grand sentiment de la nature qui s'est abattu sur le monde du spectacle. Avec une tendresse folle et animale. Sans lui le théâtre ne serait pas ce qu'il est aujourd'hui. Car Huster est le dernier prestidigitateur du sentiment.

C'est déjà demain.

On regarde Cannes apparaître dans un poudroiement d'or. A l'horizon, le soleil se lève. Comme il le fait depuis l'aube des temps, célébrant l'aurore d'un jour nouveau. A mes côtés, un arbre en fleurs.

Sociétaire et enfant terrible du Français, Huster fait répéter une scène aux élèves de l'Ecole de l'acteur dirigée par François Florent.

Le 19.4.1980 dans « La Mouette ».

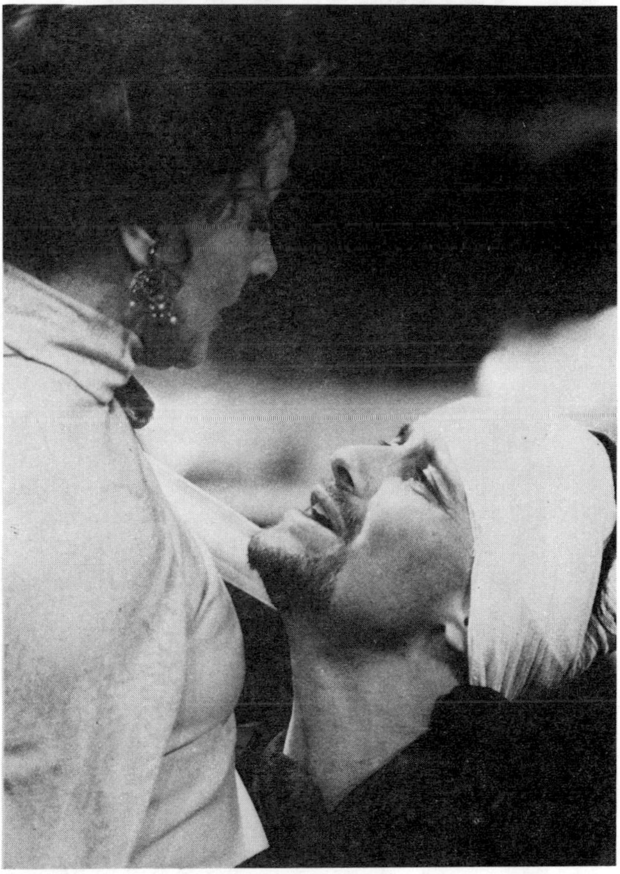

Avec Catherine Samie, toujours dans « La Mouette ».

Le 11.11.1980, sur scène, pendant la générale des « Caprices de Marianne », il se brise le pied. Personne ne remarque quoi que ce soit... Pas même l'œil avisé de la critique.

Le 9.12.1980, Huster retrouve Weber ! Ils sont revenus à leurs projets d'adolescents...

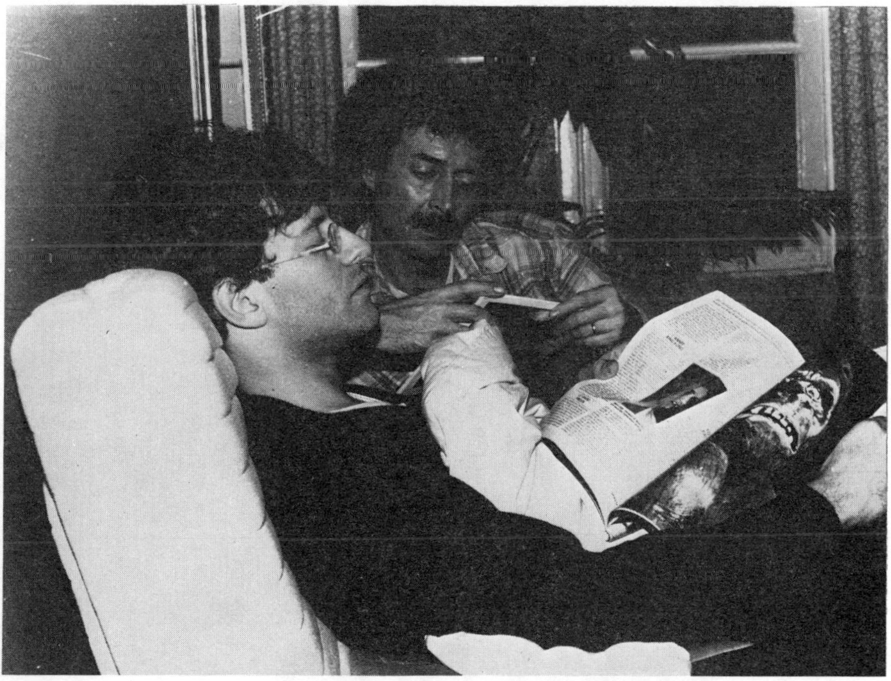

Francis est épuisé. Il sort de scène. 3 minutes plus tard, il est chez son ami Jean-Yves Rogalé, il s'endort alors qu'il est venu faire la causette.

Personne ne connaît encore son secret. Mais il a fait découvrir à ses fans, autre chose qu'une vieille institution : l'amour du théâtre.

Sa dernière. Une demi-heure d'applaudissements. Le metteur en scène Otomar Krejca est debout. Il a lui aussi vécu l'exil...

Son dernier salut. Son dernier sourire. Sur la plus prestigieuse scène de France. La nationale.

1961-1981, à suivre... Sans commentaires. Il a la gorge nouée.

Déjà demain… Du talent à revendre… Des projets plein les poches… « Le chef de famille »… « Qu'est-ce qui fait courir David »… « L'os de cœur »…

FRANCIS HUSTER À LA COMÉDIE-FRANÇAISE

Pensionnaire le 1er septembre 1971 — Sociétaire le 1er janvier 1977

AUTEURS	NOMS DES PIÈCES	RÔLES	METTEUR EN SCÈNE	DATES
J. C. Grumberg	Amorphe d'Ottenburg (Odéon)	Etienne de Barembak	J. P. Roussillon	13.10.1971
Marivaux	Les Sincères	Frontin	J. L. Cochet	22.11.1971
J. Romains et S. Zweig	Volpone (Odéon)	Mosca	G. Vergez	18.1.1972
E. Labiche et M. Michel	La Station Champbaudet	Paul Tacarel	J. L. Cochet	5.5.1972
1. E. Rostand	Cyrano de Bergerac	2e Marquis	J. Charon	8.7.1972
2. E. Rostand	Cyrano de Bergerac	1er Poète	J. Charon	8.7.1972
Molière	Le Bourgeois Gentilhomme (Chapiteau, Richelieu)	Cléonte	J. L. Barrault	20.10.1972
Molière	L'Impromptu de Versailles	La Grange	P. Dux	16.3.1973
Molière	L'Avare	Cléante	J. P. Roussillon	21.3.1973
Musset	Les Caprices de Marianne	Cœlio	J. L. Cochet	3.10.1973
Pirandello	Henri IV (Odéon puis Richelieu)	Le Marquis Carlo di Nolli	R. Rouleau	18.12.1973
Molière	L'Ecole des Femmes	Horace	J. P. Roussillon	25.2.1974
Jean Giraudoux	Ondine	Le Poète	R. Rouleau	18.3.1974
Musset	Les Marrons du feu	Rafaël Garucci	F. Huster	8.5.1974
F. Billetdoux	La Nostalgie, camarade… (Odéon)	Martin Majeur	J. P. Roussillon	16.10.1974

Molière	L'Ecole des Maris (Marigny)	Valère	J. Meyer	25.12.1974
Molière	Le Misanthrope	Clitandre	J. L. Boutté et C. Hiégel	4.3.1975
(spectacle uniquement joué sous le chapiteau des « Tréteaux de France ». Directeur : M. Jean Danet)				
P. Corneille	Cinna (Petit Odéon)	Cinna	S. Eine	2.4.1975
Max Frisch	Don Juan ou L'amour de la géométrie (Odéon)	Don Juan	J. P. Miquel	Mai 1975
	« En Représentations »			
Shakespeare	La Nuit des Rois (Odéon - Marigny - Chaillot -Richelieu)	Sébastien	T. Hands	23.2.1976
Musset	Lorenzaccio	Tébaldéo	F. Zeffirelli	4.11.1976
Musset	Lorenzaccio	Lorenzo de Médicis	F. Zeffirelli	13.11.1976
P. Corneille	Le Cid	Don Rodrigue	T. Hands	4.3.1977
Euripide (M. Clavel)	Les Bacchantes (Odéon)	Dionysos	M. Cacoyannis	16.4.1977
Musset	On ne badine pas avec l'amour	Perdican	S. Eine	13.11.1977
J. Racine	Britannicus	Britannicus	J. P. Miquel	4.1.1978
Crébillon Fils	La Nuit et le moment (Petit Odéon et Odéon)	Clitandre	J. L. Thamin	13.4.1978
Molière	Dom Juan	Dom Juan	J. L. Boutté	26.5.1979
Anton Tchékhov	La Mouette	Tréplev	O. Krejca	19.4.1980
Musset	Les Caprices de Marianne	Octave	F. Beaulieu	11.11.1980
Soit 30 rôles en 10 années de Comédie-Française				

SOIRÉES LITTÉRAIRES AUXQUELLES M. FRANCIS HUSTER A PARTICIPÉ :

Carte blanche à M. François Billetdoux — Mai 1972
Hommage à Paul Fort (100e Anniversaire de sa naissance) — Novembre 1972
Hommage à Colette (100e Anniversaire de sa naissance) — Avril 1973
Poètes Romantiques 1. L'Avènement du Romantisme — Novembre 1973
Poètes Romantiques 2. Le Triomphe du Romantisme — Février 1974
Poètes Romantiques 3. Le Romantisme autour de 1840 — Mai 1974
Humour, Rire et Sourire 1. Quand on me parle de culture (Théâtre de l'Odéon) — Octobre 1974
Humour, Rire et Sourire 3. Les Bons Sentiments (Théâtre de l'Odéon) — Avril 1975
Hommage à François Mauriac (Théâtre Marigny) — Novembre 1975
Simul et Singulis (1re Période : 1680-1780) — Janvier 1980

EXTÉRIEURS OFFICIELS AUXQUELS A PARTICIPÉ M. FRANCIS HUSTER :

Le Bourgeois Gentilhomme Cléonte Opéra de Bordeaux — 2 R. Mai 1973
Le Misanthrope Clitandre Banlieue Parisienne — 15 R Mars 1975
Le Misanthrope Clitandre Province Française — 12 R Juin 1975
Hommage à François Mauriac Nantes - Orléans - Angers — 4 R Nov. 1975
La Nuit des Rois Sébastien Créteil — 4 R

Soit 37 représentations

TÉLÉVISIONS OFFICIELLES AUXQUELLES A PARTICIPÉ M. FRANCIS HUSTER :

« La Station Champbaudet » « La Troupe du Roy » « L'Avare » « Ondine » « Les Caprices de Marianne — Cœlio » « Lorenzaccio » (Direct) « On ne badine pas avec l'Amour » « La nuit et le Moment » « Le Grand Échiquier » (Direct) « Les Caprices de Marianne — Octave »

THÉÂTRE — HORS COMÉDIE-FRANÇAISE

1966	*Le Mariage de Figaro* (rôle : Figaro)	mise en scène René Dupuy — Théâtre du Centre, rue Blanche
1967	*La Surprise* (rôle : Arlequin)	mise en scène Pierre Arnaudeau — Théâtre du Tertre
1969	*Le Jeu de l'Amour et du hasard* (rôle : Pasquin)	Compagnie Jean Gosselin
	Du Vent dans les branches de Sassafras (rôle : Tom)	Compagnie Jean Gosselin
	Le Misanthrope (rôle : Acaste)	Compagnie Jean Gosselin
	Le Jeune Homme Pressé (rôle : Dardard)	Compagnie Jean Gosselin — mise en scène Francis Huster
1970	*Les Amours de Jacques Le Fataliste* (rôle : Jacques)	de Denis Diderot — Conservatoire, puis Puteaux et théâtre de l'Atelier — mise en scène et adaptation Francis Huster — avec Jacques Spiesser
1971	*La Nuit des Assassins* (rôle : Lalo)	de José Triana — Théâtre Récamier — Cie Barrault — mise en scène Roger Blin
1976	*Hamlet de Laforgue* (rôle : Hamlet)	Adaptation F. Huster-Théâtre D. Sorano — Vincennes — mise en scène Jacques Spiesser

1977	*Le Cid* (rôle : Rodrigue)	de Corneille — Festival de Carcassonne — mise en scène : F. Huster avec M. Chevallier, Y. Le Moign', G. Audoubert
1980	*Les Amours de Jacques Le Fataliste* (rôle : Jacques)	de Denis Diderot — Théâtre du 8e à Lyon — mise en scène et adaptation Francis Huster avec Jacques Weber
1982	*L'Os de Cœur* (rôle : Huster)	de Francis Huster — Théâtre Gaîté-Montparnasse

FRANCIS HUSTER
AU CINÉMA :

1970	*La Faute de l'Abbé Mouret*	Réal. Georges Franju — avec Gillian Hills, André Lacombe, Margo Lion, Hugo Fausto Tozzi
1971	*L'Auto le long du square*	Réal. Gisèle Braunberger — (court métrage)
	Chambre de bonne	Réal. Jean-Pierre Moulin — (court métrage)
1972	*Faustine et le Bel Été*	Réal. Nina Companeez — avec Isabelle Adjani, Muriel Catala, Maurice Garrel, Jacques Spiesser, Jacques Weber
1973	*L'Histoire très bonne et très joyeuse de Colinot Trousse-Chemise*	Réal. Nina Companeez — avec Brigitte Bardot, Nathalie Delon, Bernadette Lafont, Muriel Catala, Alice Sapritch, Julien Guiomar
1975	*Je suis Pierre Rivière*	Réal. Christine Lipinska — avec Jacques Spiesser, Michel Robir, Thérèse Quentin, Mado Maurin, Marianne Epin, Isabelle Huppert
	Lumière	Réal. Jeanne Moreau — avec Jeanne Moreau, Francine Racette, Lucia Bose, Caroline Cartier, Jacques Spiesser, François Simon

1976	*Comme sur des roulettes*	Réal. Nina Companeez — avec Évelyne Buyle, Roger Pierre
	Si c'était à refaire	Réal. Claude Lelouch — avec Anouk Aimée, Catherine Deneuve, Charles Denner
1977	*Un autre homme, une autre chance*	Réal. Claude Lelouch — avec Geneviève Bujold, James Caan
1978	*One Two Two, 122, rue de Provence*	Réal. Christian Gion — avec Jacques François, Nicole Calfan
	L'Adolescente	Réal. Jeanne Moreau — avec Simone Signoret, Laetitia Chauveau, Jacques Weber, Roger Blin, Edith Clever
1979	*Les Égouts du Paradis*	Réal. José Giovanni — avec Jean-François Balmer, Michel Peyrelon, Lila Kedrova, Bérangère Bonvoisin, Gabriel Briand
	Les Uns et les Autres	Réal. Claude Lelouch — avec Jacques Villeret, Robert Hossein
1981	*Qu'est-ce qui fait courir David ?*	Réal. Elie Chouraqui — avec Anouk Aimée, Nicole Garcia, Charles Aznavour, Magali Noël, Charles Gérard.

FRANCIS HUSTER
A LA TÉLÉVISION :

1970	*Les Caprices de Marianne*	Réal. Georges Vitaly
1973	*La Station Champbaudet*	Réal. Georges Folgoas — mise en scène Jean-Laurent Cochet — enregistrement à la Comédie-Française
	L'Avare	mise en scène Jean-Paul Roussillon — Réal. René Lucot — avec Isabelle Adjani, Michel Aumont
1975	*Ondine*	Réal. Raymond Rouleau — Comédie-Française — avec Isabelle Adjani
1976	*Les Caprices de Marianne*	Réal. Roger Kahane — Ant. 2 — mise en scène Jean Laurent Cochet — avec C. Fersen
1977	*Monologue d'Hamlet*	de Jules Laforgue — mise en scène Jacques Spiesser — Réal. Nina Companeez — Ant. 2
	Lorenzaccio	mise en scène Franco Zeffirelli — en direct de la Comédie-Française — Réal. Jean-Paul Carrère — Ant. 2 — avec Geneviève Casile, Louis Seigner, Jacques Eyser, Michel Etcheverry

	Tom et Julie (Prix Albert Ollivier)	Réal. Nina Companeez — FR. 3 — avec Francine Bergé, Évelyne Buyle, Josine Comellas, Claude Degliane
1978	*La Paire de Gifles* (Le Petit Théâtre du Dimanche)	Réal. J. Hubert — Ant. 2 — mise en scène Pierre Mondy — avec Caroline Cellier
	Le Grand Échiquier/ Robert Hossein	Réal. André Flédérick — Ant. 2 avec Jacques Weber, Jacques Villeret, Marie-France Pisier, André Hossein
	Le Grand Echiquier/ Ceux de trente ans	Réal. André Flédérick — Ant. 2 — avec Jacques Weber, Marie-Paule Belle, Maren Berg...
	La Muse et la Madone	Réal. Nina Companeez — FR. 3 — avec Françoise Fabian, André Dussollier
1979	*Les Dames de la côte*	Réal. Nina Companeez — Ant. 2 — Série en 5 épisodes — avec Edwige Feuillère, Françoise Fabian, Évelyne Buyle, Michel Aumont
	La Nuit et le Moment	Réal. Nina Companeez — FR. 3 — avec Catherine Salviat
	On ne badine pas avec l'amour	Réal. Roger Kahane — FR. 3
	Volpone	Réal. Pierre Sabbagh — TF. 1 avec Jean Le Poulain

1980	*Les Amours de Jacques le Fataliste*	Adaptation et mise en scène Francis Huster — enregistrement au Théâtre du 8e à Lyon — Réal. Jacques Ordines — FR. 3
1981	*La Mort de Gavroche*	Numéro un Dalida — TF. 1 — Réal. André Frédérick
	Le chef de Famille	Réal. Nina Companeez — Ant. 2 — Série en 6 épisodes — avec Fanny Ardant, Pierre Dux, Edwige Feuillère
	Les Caprices de Marianne	Réal. P. Badel — FR. 3 — mise en scène Francois Beaulieu - avec Ludmila Mickaël.

DISCOGRAPHIE

Musset dit par Francis Huster	Chez Adès
Liszt raconté aux enfants	Chez Adès
Mahler raconté aux enfants	Chez Adès

CASSETTES COMÉDIE-FRANÇAISE

Dom Juan — On ne badine pas avec l'Amour — La nostalgie camarade —

FILMS EN VIDÉO

La Faute de l'Abbé Mouret
Lumière

One Two Two, 122, rue de Provence
Les Égouts du Paradis
Les Uns et les Autres
Qu'est-ce qui fait courir David ?

REMERCIEMENTS

Toute ma reconnaissance va à madame Suzanne Huster
à Michel Borget
à Yves Le Moign'
à Monique Noël
et à Louys Gros
pour leur dévouement et leur fidélité.

Il va de soi que je remercie mon assistant Henry Lacan.

Mes remerciements très personnels s'adressent à Betty Truck pour sa collaboration généreuse.

TABLE DES MATIÈRES

Source des illustrations
Collection personnelle de l'auteur

Philippe GUERIN/Michel LAVOIX/Universal Photo/Bernard/PLOQUET/François DARRAS/Nicolas TREATT/WARNER/georges PIERRE/Films 13/Interpress/SIPA Press/Para France/Cl. LECHEVALIER/Philippe PLAUT/Claudine GONNAUD/ Muriel HUSTER.

L'impression de ce livre
a été réalisée sur les presses
des Imprimeries Aubin
à Poitiers/Ligugé

Achevé d'imprimer le 15 avril 1982
N° d'édition, 264. – N° d'impression, L 14484
Dépôt légal, avril 1982

Composition et photogravure
EUROCOM - Sèvres

Imprimé en France